Colección Archivos:

1 - René del Risco Bermúdez
2 - Aída Cartagena Portalatín

ARCHIVOS
RENÉ DEL RISCO BERMÚDEZ

Miguel D. Mena,
editor.

© Ediciones Cielonaranja, 1995, 2012.
Santo Domingo
Visite nuestra página web:
http://www.cielonaranja.com

INDICE

Miguel D. Mena Introducción 7
EL ESCRITOR
Pedro Mir **Al atardecer de un día de navidad** 9
Ramón Francisco **René o el hombre frustrado** 14
Ramón Francisco **Reflexiones sobre unos manuscritos** 20
Pedro Conde **Memorias del viento frío** 29
Enriquillo Sánchez **Ahora cuando vuelves, René** 51
Soledad Álvarez **El viento frío** 57
Guillermo Piña Contreras **René del Risco** 62
Rafael García Bidó **Los sonetos de René del Risco Bermúdez** 66
Ángela Peña **La novela de René** 71
Nina Bruni **El cumpleaños de Porfirio Chávez** 77
Darío Suro **Un No que no iba** 90
Héctor Díaz Polanco **René y Miguel** 99
Luis Alfredo Torres **Lecturas 67** 104
Pedro Mir **El dominicano de las nieves** 107
ENTREVISTAS
Clara Leyla Alfonso 111
Victoria de Prentice **El escritor y la publicidad** 120
Pedro Caro **Hay un estancamiento en la crítica criolla** 130
BIOGRAFÍA
Ángela Peña **René del Risco vivió intensamente** 135
Freddy Ginebra **Recordándote, a mi manera** 140
HABLAN SUS AMIGOS
José Augusto Thomén 145
Freddy Beras Goico 147
Nóbel Alfonso 147
Freddy Reyes 149
Efraím Castillo 151
Arnulfo Soto 152
Fernando Casado **La guerra del humo** 156
René del Risco **Desempolvar la casa** 165
René del Risco **Prólogo a "El imperio del grito"** 169

EPÍLOGO
José Rafael Lantigua **René del Risco en una fiesta** *173*
Miguel D. Mena **Sin René del Risco** *177*

INTRODUCCIÓN
Miguel D. Mena

Publicada la *Obra Completa* de René del Risco Bermúdez[1], estudiada su obra en *René del Risco Bermúdez: lo dominicano, la modernidad*,[2] aún nos quedaba presentar el conjunto más amplio de textos que documentasen sus días y su legado: como poeta, narrador y publicista. Esta es la obra que el lector tiene en sus manos.

De la literatura surgida a raíz del ajusticiamiento de Rafael Trujillo en 1961 –y la consecuente caída de la Era que éste había inaugurado en 1932–, ningún autor ha sido tan discutido como René del Risco. Su poemario *El viento frío* (1967) generó una gran fisura entre críticos, lectores y compañeros de generación.

El consenso social todavía estaba ante las ruinas de la Guerra de Abril de 1965. Cierto sentido común aconsejaba el combate, las trincheras. René lo asumió todo en su tiempo. De los escritores de su tiempo, sólo con Miguel Alfonseca (1942-1994) llevó una vida más o menos paralela: preso durante la última recta de la tiranía, militante, luchador contra la invasión norteamericana, cuentista, poeta, publicistas.

Valoradas aquellas letras más de cuatro decenios después, podemos decir que tanto del Risco Bermúdez como Alfonseca todavía nos *hablan*: hicieron también una literatura para sí mismos, buscaron expresarse en su más amplia humanidad, y lo hicieron de manera creativa.

---

[1] Fue recogida en tres tomos por Ediciones Cielonaranja (2012): I: *Cuentos Completos*; II: *Poesía Completa*; III: *El cumpleaños de Porfirio Chávez (novela)*.
[2] Santo Domingo: Ediciones en el Jardín de las Delicias, 1997.

René fue muy intenso. Llevó lo más crudo de su época sobre sus hombros. Igual sufría la desaparición de muchos de sus compueblanos y compañeros como podía salir a la calle sin la tensión de diluirse ante las vidrieras. Aquél sexenio último de vida (1966-1972), marcado por la figura política de Joaquín Balaguer, no sólo sembró de terror los días y las noches del país dominicano, sino también trató de remover el paisaje agrario y lanzarnos a la modernidad. Ahí estuvo el callejón casi sin salida de del Risco Bermúdez: el asumirse en ese *yo* que nunca le perdonaron sus contemporáneos.

Hemos tenido que esperar los principios del siglo XXI para recuperar su legado, para subrayar lo que hay de documento y valorar la actualidad de sus apreciaciones y constructos. Si *Ahora que vuelvo, Ton* es uno de los cuentos más traducidos del país dominicano, y si *El viento frío* es un libro de culto desde los años 80, ¿no estamos frente a un autor todavía *actual*?

AL ATARDECER DE UN DÍA DE NAVIDAD
(Notas en torno a la obra de René del Risco)
Pedro Mir

El *Viento Frío* es la primera y también la última obra de René del Risco Bermúdez. Al atardecer de uno de estos días de Navidad, el año pasado, un accidente, irracional e inoportuno como todos los accidentes, tronchó esta vida juvenil en plena arrancada.

Y la arrancada es precisamente *El Viento Frío*. Una arrancada tan inquieta como inquietadora, en la que se vislumbra ya la grandeza final.

Pero precisemos bien el contenido del acuerdo. En nuestro país y sin duda ocurre lo mismo en todas partes del mundo, los convencionalismos se establecen con una facilidad impresionante. Y se explica. El convencionalismo es lo fácil. Una vez establecido no requiere explicaciones. Lo acepta todo el mundo y basta.

Por ejemplo, Altagracia Saviñón escribió unos versitos imitando a *Tabaré*, el poema indigenista de Zorrilla de San Martín, al terminar la lectura de este poema muy leído a principios de siglo. Los versos no pasaban de ser un ejercicio entusiasta de esta joven. Pero a alguien le pareció estar en presencia de una obra maestra y a partir de entonces *El Vaso Verde* se estableció de manera permanente y devota en todas las antologías. Claro, la muchacha no escribió nada más y como que tampoco Galván escribió fuera de "Enriquillo", todo el mundo quedó satisfecho hasta la hora de ahora. *"Mi vaso glauco, pálido y amado"* hizo su domicilio permanente en la posteridad.

Pero esto es sumamente pernicioso.

Las nuevas generaciones que van a buscar en antologías y recuentos históricos el modelo que exigen sus primeras empresas creadoras, quedan inicialmente deformadas por el modelo falso y de fácil acceso. El resultado final es un nivel de creación muy bajo que exige un sacrificio muy discreto por parte de los aspirantes a la gloria literaria, multiplicando las entradas de los volúmenes antológicos hasta lo infinito, reduciendo la estatura general del genio creador de nuestro pueblo. Y eso es francamente imperdonable.

Por consiguiente, nosotros debemos precisar aquí el contenido de esta opinión con el ánimo de que suscite la reflexión y el análisis y no de sentar las bases del convencionalismo puro y simple que excluye de inmediato toda posibilidad de discusión y controversia.

El Viento Frío no es todavía una obra maestra. Están dados en esta obra los elementos que anuncian un creador auténtico, un artista genuino, si consideramos esta pureza, esta autenticidad, como el signo más seguro de que se está en presencia de un creador verdadero. Así pues, siendo aún la obra de un principiante es también el punto de arrancada de un artista de temple, un creador de raza.

El elemento fundamental que abona este criterio es el marco social e histórico que alumbra esta obra. René del Risco es un poeta del 65, un producto de los acontecimientos trágicos que vivió nuestro país en 1965.

Antes de esos acontecimientos, René había escrito no pocos poemas que aparecieron ocasionalmente en publicaciones periódicas. Era la etapa del aprendizaje, del encuentro entre el joven poeta y su público, de la búsqueda de formas propias y de temas necesarios. Se le vio pronto el talento, tenía el olfato de la palabra novedosa, el sentido del ritmo y del hilo melódico y de una intención muy neta de consagrarse al cultivo de la problemática social, sobre todo en sus últimos trabajos.

Pero la gran frustración del 1965 pasó por su alma como un "viento frío". Las ilusiones juveniles y probablemente de todas las ilusiones son muy sensibles a la frialdad. Pero en el caso de las ilusiones de los poetas la frialdad es pura y simplemente mortal. Es preciso tener mucha fibra creadora, un imperativo de comunicación muy vigoroso e insoslayable para que el poeta se sobreponga al silencio y parta de este núcleo hostil para convertirlo en poesía.

Y es aquí donde apunta la grandeza del autor de *El Viento Frío*.

Comienza porque esta consideración no se encuentra materializada nada más que en el título. El sentimiento de frustración que embarga a toda su generación no es abordada de frente, sino oblicuamente, y sobre todo, personalmente, como si se tratara de un sentimiento estrictamente personal.

Desde luego, la prueba de que el autor es consciente de que no se trata de una situación personal es que la convierte en una obra artística y la da, por primera vez, en forma de volumen. O sea, que se trata no de un testimonio personal, que en definitiva a nadie interesa, sino del testimonio de una generación y de una encrucijada histórica. Debió haber sentido en esto un cierto espíritu de responsabilidad. Se convertía en la voz de su generación.

Naturalmente, esto se manifiesta en el poema de manera muy neta. En alguna parte dice:

Aquella ciudad quedó tal como estaba,
los zapatos vacíos,
las uñas chamuscadas,
las paredes caídas,
las sucias humaredas...
Aquella ciudad no la hallarás ahora
por más que en este día
dejes caer la frente contra el puño
y trates de sentir...
No, no era esta ciudad.
Te lo repito...

En otra parte:

Porque ya sólo nos quedan ojos
para estrujarlos dolorosamente en las vidrieras,
para ver la lluvia sordamente caer
entre arrugados papeles y zapatos,
para mirar este otoño

> con extrañas mujeres
> en cuyos rostros la ciudad
> se burla de nosotros.

Esto dice pero nadie debe dejarse arrastrar a confusión. No se trata de la ciudad, con cuya evocación pudo haber compuesto un bello título, sino del "viento frío". Es el viento frío lo que pasa y a veces sopla con fuerzas en estas páginas. Como cuando dice:

> Si nos atrevemos a salir
> moriremos sobre las aceras mojadas
> sobre un charco
> (no de sangre, como puso haber dicho él, sino...)
> de luz azul, rojiza, blanca...
> Nos bailan, nos escupen, nos registran,
> nos echarán a la calle, sollozantes.
> Nos arrancarán el nombre, si salimos...

Cuentan los que aquí estaban en 1966 que ese era el genuino espíritu de la ciudad, el "viento frío" que hiela las venas por dentro sin que encuentren el calor que sostiene la vida y dispara las ilusiones y la esperanza.

Es indudable que un tan programa poético revela una sensibilidad extraordinariamente sintonizada con su tiempo., como se encuentra en algunos pinos de Jarabacoa para el paso de la más liviana brisa. Y ocurre que es la primera vez, en toda la poesía de René y también en la de los poetas de su generación, en la que el tema no va a alojarse en la inquietud abierta, pública, manoseada en todas las esquinas y castigada en todas las conversaciones. Sino que se va al corazón de sus circunstancias, penetra en el secreto de los días para hallar su clave certera, aleccionadora y perdurable.

Donde está la debilidad de este conjunto de poemas es precisamente en que a veces el verdadero contenido, que no podía ser presentado de ninguna otra manera sino en esas mismas, se evade a veces se escapa entre los intersticios de otros problemas, de manera que al lector de las generaciones futuras le será imposible captar.

René debió haberse desprendido aún más de los aspectos sobreentendidos, la impresión flotante de su época, y fijarla de manera más táctil, de modo que pudiera haber sido accesible a los tiempos por venir. Esto es lo que, desgraciadamente, impedirá ver mañana lo que todavía se entrevé hoy. Y es de temer que un juicio injusto se cebe en esta poesía con el andar del tiempo.

Estas consideraciones son un esfuerzo para impedirlo. Pero a ellas no se atenderá el juicio del futuro. Para que fuera así tendría que haber sido palpable en la propia obra.

Es evidente que René poseía todo el talento para conseguirlo. Y sin duda lo hubiera conseguido de manera deslumbradora, por lo que esta obra se ve, en sus obras del futuro.

Pero lo irreparable no amerita comentarios. Y hoy, justo a un año de su muerte, los inconformes, los embargados por el triste recuerdo, en presencia de lo irreparable.

> Suplemento Cultural de *El Nacional de Ahora!*, 23 de diciembre 1973, p. 3.

RENÉ O EL HOMBRE FRUSTRADO
Ramón Francisco

Privadamente se le reprocha a *El viento frío*, el libro de poemas de René del Risco, una frialdad vergonzante y unos ciertos toques a las puertas de la intrascendencia. La ciudad que René canta es extraña y los hombres y mujeres que deambulan por sus calles son figuras terriblemente tristes y no son, creo yo, hombres y mujeres de carne y hueso. Son reflejos:

"*Esto es apenas la mañana*"
–dirá él–
*Una rápida voz, algún pájaro
erguido unos instantes
sobre el cordón eléctrico...*

o

*Mi voz puede narrarte este momento
en que una niña retoza en tus piernas
y la mariposa cruza en la brisa
hacia el oscuro tronco del almendro;
pequeñas, pequeñísimas partículas de polvo
ascienden por un rayo de sol, buscan el viento
y desaparecen...*

En otras palabras, estos hombres y mujeres son imágenes que rebotan sobre partículas de polvo o sobre algún pájaro erguido unos instantes sobre un cordón eléctrico. Es del caso hacer notar que, por extraño que parezca, se trata de negarse a tocas las cosas tal y como ellas son. Los pies, al andar, no se apoyan en la tierra, y uno parece flotar sobre los edificios, los cordones eléctricos, los silbidos, las pisadas. Tanto, que el propio René llega a confesarlo llanamente:

Belicia, mi amiga,

*tú y yo debemos comprender
que estamos en el mundo nuevamente...*

La profunda razón por la cual la gasolina debe ser nafta, el taxi el carro público, ómnibus la guagua, deriva de esta cuestión.

Ahora bien, ¿es ella una actitud consciente o inconsciente en René? Es difícil saberlo. Más fácil es descubrir su causa: la frustración. Pero la clave no está en el libro mismo. La clave está en un poema publicado en abril de 1967 y que, para mi sorpresa, no fue incluido en esta obra. "No era esta ciudad", es el título. Escojamos al azar algunos versos:

*y fuimos aprendiendo
a fumar impasiblemente
junto a la perdida mirada de los muertos...
Hubiera sido completamente absurda
esta ciudad...
nada te hablará de aquella voraz llama,
de aquel rugido ardiente
que nos lanzó de pronto a las paredes,
que descolgó ruidosamente
las lámparas del techo
e hizo morir apresuradamente
los peces de colores...
Aquella ciudad quedó tal como estaba,
los zapatos vacíos,
las uñas chamuscadas,
las paredes caídas,
las sucias humaredas...
Aquella ciudad no la hallarás ahora
por más que en este día
dejes caer la frente contra el puño
y trates de sentir...
No, no era esta ciudad.
Te lo repito...*

En el poema *El viento frío* que abre el libro, René dirá, como Leopoldo Bloom: "Todo perdido, terminado..." Llegada será la hora de las grandes irresoluciones. Es fácil rastrearlas: debo saludar, debo buscar, tú yo debemos, tal vez debamos, podemos marcharnos, debo escribir, no podré esta noche, tal vez deba, etc. Yo tomo la frustración en su más estricto sentido etimológico: privación de lo que se esperaba. Después de esto, el hombre del risquiano se entenderá fácilmente. Se entenderá porque él rehúsa decir gasolina o guagua, o carro público. Después de esto se entenderá también por qué todas son Eurídice. En un cuento de este mismo título, "Todas son Eurídice", René llega a denunciar que "esta ciudad nunca servirá para esperar!" Qué caray, cuando dice Hickey, el héroe de O'Neill, a uno no le queda ni una sola engañosa esperanza, qué importa que todas sean Eurídice, qué importa que todas sean Belicia, o Amancia, o Vicky.

Y ahora vengo a *La noche se pone grande, muy grande*, el cuento de René premiado con el tercer galardón en el concurso La Máscara. Debo hacer mención de la técnica por la cual dos planos se han superpuesto usada por René en él. Julio Cortázar escribió un cuento en el cual usa la misma técnica. No se trata, sin embargo, de plagio, ni siquiera, diría yo, de influencia directa. Las técnicas están a disposición de cualquier escritor que las entienda y las sepa manejar. El cuento de Cortázar se titula *La noche boca arriba*. Un tipo sale de un hotel, toma una motocicleta, para comenzar el día. Choca contra una mujer entre luces rojas y verdes (los semáforos) que ardían sin llama ni humo, cae: sangre, olor. Lo levantan, lo llevan al hospital, y allí sueña que se encuentra perseguido por unos ciertos aborígenes en medio de una gran guerra florida. Sueña que lo atrapan, que lo encierran en un calabozo, boca arriba (tal como está en el hospital) y que así espera la muerte. Alguien se acerca con un cuchillo en la mano, lo cargan en una litera, siempre boca arriba, etc. Durante once páginas y media Cortázar juega con estos dos planos, la guerra y el hospital, y mantiene al lector en la creencia de que lo sucedido realmente es el choque del tipo en la motocicleta con la mujer y su internamiento en el hospital. La guerra florida es un simple sueño delirante debido a los golpes recibidos en el accidente. Sin embargo, y esto es el cuento, once líneas antes de terminar, Cortázar descubre que la realidad era la otra, la guerra florida y que el sueño era la motocicleta y el accidente. Próximo a la muerte a que lo llevan los aborígenes, boca arriba, en una litera, el tipo se resiste a la idea de que va a morir y su resistencia se manifiesta en un sueño en el cual todo lo que ha pasado es su motor y un simple accidente, la sala de operaciones de un hospital, y con quince días de reposo todo volverá a ser como antes.

Cortázar dice: "Alcanzó a cerrar otra vez los párpados, aunque ahora sabía que no iba a despertarse, que estaba despierto, que el sueño maravilloso había sido el otro, absurdo como todos los sueños; un sueño en el que había andado por extrañas avenidas de una ciudad asombrosa, con luces verdes y rojas que ardían sin llama ni humo, con un enorme insecto de metal que zumbaba bajo sus piernas. En la mentira infinita de ese sueño también lo habían alzado del suelo, también alguien se le había acercado con un cuchillo en la mano, a él tendido boca arriba, a él boca arriba con los ojos cerrados entre las hogueras." Ayuda la composición el hecho de que la situación más verosímil sea la del accidente. El cuento es simplemente el equívoco en que se mantiene al lector hasta unas cuantas líneas antes de concluir.

René, en *La noche se pone grande*, superpone dos situaciones, no valiéndose del sueño, sino del recuerdo. No se trata de equivocarnos como en *La noche se pone boca arriba*. Se trata de la directa asociación de dos situaciones reales vividas por el protagonista: el primer puñetazo que recibió en su vida y el fracaso de la guerrilla en la loma, de la cual él formó parte. Y este es mi temor. ¿La frustración habrá llegado a un desarrollo tal que es posible asociar dos situaciones de las particularidades que se describen en el cuento?

Veamos: el primer puñetazo, recibido en una pelea por un motivo baladí (¡por un motivo baladí!); el deseo del protagonista de terminar la pelea porque el otro le lleva veinte libras; su afán por darle la mano a su contrincante y después, una cerveza en el Apolo (¡una cerveza en el Apolo!); y amigos como siempre; el mismo puñetazo y quítenselo!; la caída ente las piedras y que dolor, que dolor, que pena. Todo esto, en el recuerdo del protagonista se asocia a la loma, a la guerrilla, a la ráfaga de ametralladora que siente sobre su cabeza, para después la noche ponerse grande, muy grande. Ciertamente, en un joven adolescente este primer puñetazo y el fracaso de la guerra pudieran asociarse, pero con cuidado. Si no, el resultado será aplicar a las guerrillas las particularidades de la situación del puñetazo: el motivo baladí, la cerveza en el Apolo, amigos como siempre, etc. Si se tratara de hacer lo mismo que hace Cortázar en *La noche boca arriba*, también fuera válida una asociación, pero el cuento hubiera sido un plagio.

Tengo para mí, e insisto en ello, que se trata de la frustración. En una etapa de confusión, y por esto este cuento me parece importante, el protagonista de *La noche se pone grande*, es un tipo, un tipo que René trata de retratar en toda su intensidad. Aquí reside el valor del cuento. Se habrá asistido a la guerrilla, el enemigo habrá sido protagonista en toda su potencia, la cual es mucha, y se regresará frustrado. Por un momento se pensará que aquello no debió ser y que ahora sí que la noche se pone grande, muy grande. Todo dependerá de la firmeza en las convicciones del tipo.

Pero, ¿tendremos otros puñetazos? Sí, hombre, sí! René no quiere sino retratar el sentimiento de uno de los jóvenes que recibieron uno de ellos y que temerosos abandonarán la lucha a la primera de cambio. "Para conocimiento y ejemplo de los hombres venideros".

El cuento *En el barrio no hay banderas* viene a confirmar esta tesis. Cosa de notar es la acentuada impersonalidad con que su tema es tratado. El punto de vista de luchador, el cual es el del autor, es tal que siendo él uno de los que también caerán probablemente y para quien tampoco ya habrá bandera, se permite un enfoque endemoniadamente frío y despreocupadamente, la muerte del *Tinellel*, ¿tiene perspectiva? El caso es que escoge para narrar el momento en el cual las banderas se agotaron merced a los tantos entierros. Esto tiene que ser deliberado, ya que tal momento le permitirá al autor presentar la muerte del *Tinellel* como suceso al cual se está terriblemente acostumbrado. Después de esto, todo es cuestión de un lenguaje más o menos apropiado, un ligero ajuste del punto de vista, y etc. En el barrio ya no hay banderas viene a ser así, simplemente, otro ángulo de la frustración.

> *Aquí,* suplemento cultural del periódico *La Noticia,* 15 de diciembre de 1974, p.2.

REFLEXIONES SOBRE UNOS MANUSCRITOS
Ramón Francisco

Intentar un análisis, parcial siquiera, de una obra inconclusa es tarea ardua, sin duda. Sobre todo si el autor de la obra ya no escribirá nunca más. No hay posibilidad alguna de que autor y tiempo vengan a confirmar, en el mejor de los casos, o a refutar, en el peor de los casos, cualquier conclusión o cuasiconclusión que se aventure sobre el objeto artístico tal y como se examina hoy. Tal es el primer pensamiento que fluye a la conciencia cuando el viejo amigo que fue el más viejo, vuelve a tocar con manos temblorosas lo que antes tocaba con manos verdaderamente firmes. Se pasa revista a la fragilenta memoria, se recrean los antiguos domingos floridos, las calurosas reuniones grupales y se oye de nuevo el tropel de las opiniones cuando alguien terminaba de leer "su obra maestra" y la ansiosa pregunta después de la inevitable disección: ¿Quién agrede el próximo? Es decir, ¿Quién lee el próximo su obra maestra?

Y se detiene uno durante buen rato sobre las ardientosas opiniones de ayer. Y sonríe uno. Sólo pasaron unos cortos años. Sin embargo, el túnel del tiempo parecería interminable. Todo y nada habrá cambiado. La obra de arte aparecerá más inmersa en el tiempo que la creó. Los años más jóvenes reposarán y la calma habrá hecho presa de todos (y de ella, la obra de arte, también). Uno que otro de aquel grupo podría aferrarse todavía al carrusel y a su música circular como una gran pintura mural jamás refrescada. Algunos habrán partido, haciendo caminos opuestos, con la cara a la luz de la Caverna. Todos dispersos, es la única verdad. Como las opiniones con las cuales "consagraban" o "hundían" para siempre a la gran obra de arte del lector el próximo.

Tal el marco dentro del cual el más viejo de ellos, los lentes bifocales colgando de los probablemente cansados pabellones, en cualquier tarde de domingo, volvía a revisar los quemantes manuscritos que caían en sus manos otra vez después de una de esas tramposas jugarretas de la vida. Los tipos de la máquina de escribir parecerían más grandes de lo que fueron antaño. El lente tendría un poco más de aumento del estrictamente necesario (son los tiempos de intentar contrarrestar a como dé lugar los tiempos). Las hojas habrán amarillecido un poco, opacando el blanco intenso de los días de la furiosa embestida. ¿Y las ideas? ¿Qué habrá pasado con las ideas? ¡Dios mío!, tiembla uno. ¿Qué habrá pasado con las ideas?
En mayor o menor grado, el más viejo habrá sabido qué pasó con el hombre. Recuerda ahora, en tembloroso pensamiento, aquel poema que él comenzó y nunca terminó poco tiempo después de la inesperada partida:

Camino a ti los pájaros,.
René,
embotaron sus picos
intentando el asfalto caliente
y la mañana se llenó de anuncios asaltando la vía donde
caíste
donde perdiste el asidero,
el equilibrio absoluto de la fuerza,
el color de la tarde y, quizás,
la lluvia en tu ventana.

Camino a ti
la última risa de la vida
que ahoga a Ton que vuelve
con zapatos lustrados
y la misma barbita de Hans Castorp
en su último año
de exiliado, lejos
del país llano
de Joachim Ziemssen

En mayor o menor grado, también, el más viejo habrá sabido qué pasó con la materia que el hombre moldeó infatigablemente hasta alcanzar la forma del arte. Por un instante recordará los utensilios que el artista intentó. En un breve momento recorrerá un inventario completo de ellos. "Jóvenes que éramos", pensará. Eran los años próximos siguientes a la guerra. Hacía poco tiempo que un escritor peruano había publicado la que entonces todo el grupo creyó la más extraordinaria obra narrativa jamás escrita. Pocos meses después un escritor colombiano publicaría la que, a su vez, todo el grupo creería la más extraordinaria obra narrativa jamás escrita. A cada instante se "descubría" la apropiada expresión del hombre latinoamericano, del hombre dominicano. "Jóvenes que éramos", pensaría ahora el más viejo de ellos. ¿Qué no se intentaría en esos años febriles de intensa búsqueda? ¿Acaso no se redescubrió al escritor irlandés? ¿Quién de entre aquellos que se reunían casi con obligación religiosa, todas las mañanas de aquellos bravos domingos no hubiera querido vivir por una vez en la vida en la lejana y brumosa Comala, en el brumoso y lejano Piura? Así, como parte de esa efervescencia natural, surgió la obra del hombre en lo que respecta a forma. ¿Y quién de entre ellos alcanzó un completo dominio de esta forma en su fase experimental? Revisando otra vez los manuscritos, ahora, el más viejo pensaría que sí, que fue René del Risco y su descomunal talento quienes dominaron completamente los experimentos de que se revestía la forma en aquellos tiempos. "Se me fue poniendo triste, Andrés" fue un ejemplo de ello. "El mundo sigue, Celina", otro.

Lo que esos experimentos significaron para el escritor quizás nunca lo sepamos. Porque una de las características de los cuentos que él escribió fue su control casi absoluto de la narración. En casi todo momento está presente el narrador y muy pocos personajes en su obra son "autónomos". Puede decirse que son manejados a ciencia y conciencia por el artista. El punto de vista cambia desde los primeros cuentos hasta los últimos en el tiempo. Parecería que el escritor estaba, por el momento, sólo sometiendo a un riguroso examen a los personajes y a las situaciones que narraba. "Ahora que vuelvo, Ton", fue el último y más magniesplecente ejemplo de ello. Se podría afirmar razonablemente que esta narrativa desembocaría, por fuerza, en una quietud marina donde el escritor, al fin y al cabo, habría de lograr la redefinición definitiva de sus materiales e ideas. ¿Era esto lo que quería decir su aparente retirada de los últimos años? Quizás. Como quiera él quedaría como uno de los más brillantes ejemplos de ese período en que todos estuvimos inmersos. Ese período cuyo principio distintivo iba a ser la experimentación formal.

La masa de cuentos que el artista legaría a la posteridad no puede ser vista, sin embargo, como un conjunto desde este ángulo formal. Cada una de las piezas es "autónoma", por decirlo así. Y esta autonomía no quiere decir que una determinada y misma técnica narrativa no sea empleada en varias piezas. Lo que en realidad quiere decir es que el artista, en un período de lucha por instaurar en la literatura criolla una narrativa estimable, fue un genuino representante, a través de la experimentación, de las ambiciones de aquellos escritores que en aquellos años trataban de encontrar la justa expresión de un testimonio ferviente de nuestro hombre y de su pobre destino. Examinando los manuscritos, ahora, el más viejo de ellos habría de sorprenderse de que esta experimentación dentro del grupo del cual el artista era uno de sus más estimables miembros, no fuera alharacada como la veíamos en los años del "viento frío". ¿Cómo se explicaba él que esto fuera así? Debía recordar las tantas veces leída expresión de que el fondo arrastraba siempre su forma en la obra de arte. Y el fondo que el artista quería narrar aquella vez (y que el grupo también quería narrar o pintar o poesiar) no estaba, aparentemente, preparado para una forma como la que se experimentaba. Fue el artista de "Ahora que vuelvo, Ton" quizás el primero en darse cuenta de ello. Los días del experimento brillante habían pasado y "Ahora que vuelvo, Ton" ya no lo intenta con la tremenda tensión ni la decidida intención de "El mundo sigue, Celina".

Que el más viejo de ellos, con los manuscritos por delante, pudiera ahora comprender perfectamente (y después de tantos años) por qué uno de los miembros pintores del grupo ansiaba desesperadamente regresar a los frescos murales y que el libro que llevase siempre de la mano fuese el tratado de pintura de Zennino Zennini, se lo debía, en el nombre de la Santísima Trinidad, a la relectura en perspectiva de "Ahora que vuelvo, Ton".

Ni siquiera el propio pintor habría intentado, por aquellos tiempos, una explicación de esta suerte. (Y el más viejo de ellos comprobaría más tarde que no la intentaría ni siquiera por estos tiempos). Tendrían que pasar algunos años para ello. Y lo que fue la retirada del artista, la supuesta retirada que todos trataron de explicar de las más curiosas maneras, habría tenido algo que ver con el afán de un regreso a formas más sencillas como demandaba la narración criolla de entonces. Pasó la experimentación como pasó aquel período turbulento y luego la narración criolla como que se resacó, como que se retiró. Después del gran período de la flexión comenzaba un período de reflexión. Los frutos que vendrían eran anunciados por "Ahora que vuelvo, Ton". Pero los frutos no llegarían jamás.

¿Y qué pasó con las ideas? ¿Las ideas que tenían que ver con el fondo narrado por la obra del artista?

Si bien ahora, frente a los manuscritos, el más viejo podía confirmar su opinión de que René fue un verdadero maestro en el control de la narración, esto no quería decir que la presencia del narrador en los cuentos del artista significara una aviesa intervención de este narrador que condujera a la quiebra del orden lógico en las piezas de arte. A esto el más viejo le llamaría más tarde control del control de la narración. Porque examinando los manuscritos él confirmaba que el artista jamás "forzó" una situación o una solución en ninguna de sus piezas narrativas. La armonía es visible en cada una de ellas. Esto se llama ser honesto. Ni siquiera las ideas que el artista avalaba fueron motor alguno para quebrar violentamente el hilo narrativo. Cansado estaba el más viejo de ellos de ejemplos de esta clase (artistas que permitieron que sus propias ideas entorpecieran o vejaran a sus obras de arte). La relectura, por ejemplo, de la mayoría de las obras poéticas de aquel período había obligado al más viejo a pensar en esta cuestión. ¡Fue tanto el panfleto que en su tiempo se vio como gran pieza de arte que ahora nos sorprenderíamos en su examen!

Pero no. El artista también fue artista verdadero en esta cuestión. El juego de sus ideas, el partido que tomó (como dijera "La Peste", "deliberadamente al lado de la víctima, de acuerdo con la ley del corazón honrado") pueden descubrirse por lo que narró y cómo lo narró. Jamás porque él lo explique, lo cual hubiera desvalido a su obra. El más viejo de ellos, frente a esta reflexión, no podía menos que pensar en Antón Chejov, quien quería que la obra de arte fuera sólo una "mostración", nunca una "demostración". En el caso del artista podrían señalarse a todas sus piezas como ejemplos de esta cuestión, pero principalmente a "Se me fue poniendo triste, Andrés", "El mundo sigue Celina", "La oportunidad", "ahora que vuelvo, Ton", etc.

Las ideas del artista habría que buscarlas en esta mostración, pensaría el más viejo. Aunque, en realidad, no era necesario puesto que fueron muy conocidas. Más bien el más viejo quería ahora apuntar cómo en su obra el control sobre el control jamás permitió que un tramposo narrador entorpeciera el curso natural de la obra de arte. El más viejo recordaría también a Balzac, quien jamás permitió tampoco que sus ideas, las cuales eran, por cierto, contrarias a su "mostración", entorpecieran a su obra de arte. El más viejo reflexionaba entonces sobre la honestidad de un escritor para con su obra y para con el público que la consumiría. Y pensaba que en el caso del artista, primero, por la época en que escribió la mayoría de sus cuentos y, segundo, por lo vehemente que siempre fue en la exposición y defensa de sus ideas cuando tuvo oportunidad de hacerlo, el caer en el panfleto literario que no pudieron evitar muchas obras de esa misma época era un peligro que acechaba constantemente. El artista lo supo evadir muy bien y el resultado fue una obra de arte de mostración límpida sin recurrir a lugares comunes fáciles. Aquél que examine ahora sus cuentos podrá percatarse fácilmente de esta cuestión.

Y es que casi todas las piezas de René son más bien reflexivas y la reflexión casi nunca da lugar a explosión de ninguna clase. Aquél que reflexiona está haciendo el camino de la madurez. El artista era primero un observador. El producto de sus observancias son los cuentos cuyos manuscritos repasaba ahora el más viejo. Esa observación era un punto de partida, sin duda, para obras más importantes en el futuro. Pero primero había que sentar las bases. Puede decirse que el artista, en sus cuentos, se sienta frente a sus personajes, se pasa las manos por el rostro, sonríe, y dice: "¿Y tú cómo estás? Dime. Yo soy René, René del Risco. Vengo a saber de ti". Y entonces comienza a escribir.

¿Cuál mejor ejemplo para notar esto que el propio lenguaje que el narrador usó? Ciertamente, reflexionaba el más viejo, no podría decirse que el artista había logrado la perfección en su lenguaje. El más viejo sabía muy bien que esto sólo se logra después de muchas y muchas páginas de paciente hacer y rehacer. El narrador no tuvo tiempo para ello. Pero, esto sí es evidente, de entre los más jóvenes que escribieron durante la, por lo menos, última década, el más viejo podía incluir al artista entre los dos o tres que más se acercaron a un buen uso del lenguaje. Nada tenía esto que ver con el equilibrio entre lenguaje, fondo y forma en la obra de arte del artista porque en este sentido, sólo quizás en "Se me fue poniendo triste, Andrés" podría descubrirse un cierto desajuste entre situación, personajes y lenguaje. En todas las demás obras el artista reveló siempre un dominio bastante aceptable de este equilibrio. Y este equilibrio tenía mucho que ver con el "aire" en que escribió el narrador. En efecto, pensaba el más viejo, casi todas las piezas, con la probable excepción de "El mundo sigue, Celina", están escritas en un "andante" callado, apacible. Contribuyó a esto la segunda persona que prefería evidentemente el narrador y la cual manejó con mucha más flexibilidad que las demás.

El artista provenía de San Pedro de Macorís, ciudad que retrató fielmente la vida, la pasión y la muerte de la mejor caña. Ciudad que alcanzó su apogeo vertiginosamente y cuyo camino hacia su perigeo fue lento, doloroso, retratado por Willy, el cochero, Conton, el pelotero, George Jones, el ciclista, etc., según escribió Norberto James. Todos los cuentos del artista, en alguna u otra forma, parecían intentar resolverse en un diálogo entre el narrador y los personajes a quienes arrastraba el camino hacia el perigeo de la otrora gran ciudad. Ni qué decir tiene, reflexionaba el más viejo, que el artista soñó con un apogeo aún más brillante para su gran ciudad. De testigo, el más viejo se atrevería a señalar a algunas expresiones que el artista no podía evitar con frecuencia: nafta, por gasolina, bus, por guagua, taxi, por carro público. Ahora recordaba el más viejo que en una conferencia que dictó hace muchos años apuntaba que el artista había rehusado esta ciudad en un poema publicado en 1967. Porque no era la ciudad que él esperaba. El poema se titula "No era esta ciudad". Así, la lección favorita del narrador, la segunda persona, estaba justificada porque él quería dialogar con sus conciudadanos y que este diálogo generara multitud de preguntas: dónde estamos, dónde vamos, qué ha sido de lo que fuimos, por qué lo fuimos, por qué lo hemos sido, etc.

Es un diálogo con Ton, el que ha permanecido puro. Yo he amado y odiado. Tú has amado. Yo he cantado y llorado. Tú has cantado. Yo he afirmado y negado. Tú has afirmado. Yo he vivido y "morido". Tú, tú, Ton, has... "morido". Tú has permanecido puro. Tú eres la ciudad que yo soñé, la ciudad que perdí. No es curioso, reflexionaba el más viejo al llegar a este punto, que después de Ton, el artista como que se retirara, como que acallara su andante. Una sucia jugarreta de la vida no lo dejó volver después de esta retirada. Pero volvería alguna vez, de eso estaba seguro el más viejo. Volvería como vencedor porque él venció de la vida.

Si. Si ahora que el más viejo tenía la oportunidad de volver a mirar a aquellos manuscritos que ellos leían en grupo hace tantos años, pensó frente a ellos: Pero la vida no lo venció porque él dejó su testimonio. Y si un hombre puede testimoniar como corresponde a un corazón honrado, entonces ese hombre habrá vencido de la vida. Eso hizo el artista. René del Risco venció de la vida porque dejó el testimonio de su narración. Y ese testimonio refleja la gran fe en el hombre y su mujer, destino que el artista profesaba. A ningún hombre puede pedírsele más. El hizo su trabajo y lo hizo con honradez".

> Introducción a René del Risco Bermúdez: *Cuentos y poemas completos*. Editora Taller, Santo Domingo, 1981.

MEMORIAS DEL VIENTO FRÍO
Pedro Conde

La noche del 20 de diciembre de 1972, René del Risco Bermúdez acudió a una cita con el destino en la avenida George Washington –el malecón de la ciudad capital. Era una cita al parecer ineludible, a juzgar por las veces que había sido presentida: una cita con la muerte prematura, muerte a destiempo junto al mar que el poeta amaba.

El hecho trágico que enlutó a su familia, también ensombreció y traumatizó al mundo de las letras, y entre los escritores jóvenes y menos jóvenes se extendió un sentimiento de vacío y orfandad. No era, ciertamente, para menos. A los "treinta y siete años de edad y en perfecta salud", Whitman había comenzado publicar sus *Hojas de hierba*. Casi a la misma altura de la vida, en pleno goce de sus facultades intelectuales, René del Risco Bermúdez se retiró bruscamente del escenario en que había obtenido el más amplio reconocimiento, llegando a ocupar un espacio privilegiado, único entre los miembros de las nuevas promociones. De hecho, y a pesar de su partida a destiempo, se reveló como el más sobresaliente talento literario de su generación, quizás de varias generaciones.

Del Risco nació en 1936 en Macorís del mar, tierra de peloteros y poetas, y en la práctica soñó con ser ambas cosas. La pelota, como deporte, se respiraba en el aire: la poesía la llevaba en la sangre, siendo nieto de Federico Bermúdez, el notable cantor de *Los humildes*. Hoy se sabe que descolló como animador, publicista, narrador y poeta, aunque no como pelotero. Eso sí, fue fanático irreductible de los Tigres del Licey.

Como tanto jóvenes de la época, Del Risco participó –ya se ha dicho– en la lucha política antitrujillista dentro del Movimiento

Revolucionario 14 de Junio y conoció temprano la cárcel −"fruta negra", la llamaba Roque Dalton. Allí sufrió vejaciones y torturas que no doblegaron su espíritu, pero dejaron huellas en su cuerpo, un cuerpo que mostraba las clásicas quemaduras de cigarrillos en las espaldas y señales inequívocas de martirio en las uñas.

Antes y después de su breve estación en el infierno, desempeñó variados oficios y al parecer alguna vez quiso ser abogado, según demuestra el hecho de haberse inscrito en la Facultad de Derecho de la universidad estatal, única a la sazón en el país. Por lo demás, no hay que acudir a su biografía para obtener información pormenorizada de primera mano. Muchas de sus empresas en la lucha por la vida –incluyendo su "fracaso como pelotero"– están documentadas en unos versos de iniciación que hoy resultan casi sorprendentes por su carácter festivo, excepcional y extrañamente festivo:

> *Yo caí, me recogieron,*
> *me acostaron en el jón,*
> *y en aquella situación*
> *¡momento grave y severo!*
> *dejé de ser pelotero*
> *y cambié de profesión.*
>
> *He tenido profusión*
> *de profesiones y empleos;*
> *he dado mil zigzagueos*
> *en una y otra cuestión.*
> *He vendido desde ron*
> *hasta espacios de parqueos,*
>
> *"Qué es usted? Si me preguntan*
> *en un barrio: "¡Locutor!"*
> *en un salón?: "¡Escritor!"*
> *en un patio?: "¡Tamborero!"*
> *en la iglesia soy santero*
> *y en la calle...Yo, que soy?*

Por el mismo estilo, Del Risco amaba definirse como "poeta y cumbanchero", y al decir de alguno de sus íntimos quería que le pusieran este mote en su epitafio. Afortunadamente se destacó más como baladista que como cumbanchero: Del Risco escribió, en efecto, letra de canciones de inspiración honda y genuina, entre las cuales se recuerdan "Si nadie amara", "Magia", "La ciudad en mi corazón", "Mira qué mundo", "Matices", "Así, tan sencillamente" y "Una primavera para el mundo". Algunas de éstas alcanzaron éxito en las voces de notables intérpretes de la talla de Horacio Pichardo, Francis Santana, Fernando Casado, Niní Cáfaro, Luchy Vicioso, Felipe Pirela y Marco Antonio Muñiz.

Por añadidura, el hombre fue un brillante publicista. Publicista, quizás, a regañadientes, a contrapelo de su vocación literaria, quizás a contraconciencia, quizás como simple manifestación de su desbordante energía intelectual. No se sabe. En todo intento de aproximación a una vida y una obra cabe un margen razonable de duda. De lo que nunca podrá dudarse es de su humanidad y talento.

Su producción literaria incluye cuentos, sonetos y poemas en versos libres que fueron recopilados, en su mayoría, después de su muerte. También anunció el poeta una novela, *Del júbilo a la sangre*, de la cual se desconocen detalles más o menos precisos.

La primera edición de los cuentos se publicó bajó el título de una de una de sus narraciones: *En el barrio no hay banderas* (1974), mientras que los *Cuentos y poemas completos* aparecieron en una edición incompleta que data de 1981.

Casi toda la obra conocida de René del Risco cubre un arco de tiempo comprendido entre 1961 y 1972. En vida sólo publicó un libro: *El viento frío* (1966), pero sería un libro memorable, un libro de época, generacional, destinado a convertirse en parte esencial de la realidad que lo inspiró, un libro vivo, palpitante de historia y de hondas vibraciones sociales.

Algunos de los aspectos más notables de la poesía de René del Risco –la parte sumergida del iceberg– se encuentran en los sonetos mencionados, sonetos escritos, por cierto, a la sombra de

José Ángel Buesa. Este dato es, desde luego, anecdótico y paradójico: el poeta y revolucionario que junto a Miguel Alfonseca iba a inaugurar en su tierra una nueva era y un nuevo sentir literarios, se inició espiritualmente en la capilla de un romántico rezagado, exiliado cubano por más señas. La madeja de las contradicciones no se despeja por el hecho de que el novicio recibiera en edad temprana tales influencias, ni en virtud de que las obras de Buesa rivalizaran en su época con el volumen de popularidad y venta de las obras de los grandes maestros latinoamericanos, incluyendo a Neruda. En rigor, René del Risco Bermúdez se mantuvo siempre fiel al espíritu romántico de Buesa, logrando producir –eso sí– una síntesis o por lo menos una simbiosis entre el caudal erótico, personalista, y el aliento social en olor de multitudes.

Desde los más tempranos sonetos de René se anunciaba lo que sería el gran tema de su obra: el tema de la muerte. Esa muerte, la misma muerte que en la poesía de Alfonseca constituye un motivo esencial, lo arropa todo en la poesía de Del Risco. La diferencia estriba en que en uno la muerte es sentimiento y en el otro, a la vez, presentimiento. Prácticamente no hay en la obra de René un resquicio poético –uno sólo– por donde no se lea o se avizore a la muerte, la muerte fiel, la muerte convidada. Eso podría explicar su admiración por cierta zona de la poesía de Buesa. Por ejemplo, en "Pequeña muerte", Del Risco traduce casi la misma idea necrófila del Buesa de *Oasis*, aquel que dice: "Después de haber vivido la mitad de la muerte/ hay que seguir muriendo lo que aún queda de vida." Véase si no:

> *Dime por qué tú insistes y te empeñas*
> *en negar esta muerte que no escribes,*
> *si es esto de soñar lo que no vives*
> *un modo de morirte en lo que sueñas.*
>
> ....
>
> *Comprende que estás vivo, que moriste*
> *en toda aquella vida que viviste,*
> *que no podrá el pasado retenerte.*

En "La casa", que es una pieza excelente, una de las mejores, el poeta expresa un sentimiento parecido:

Todo ha ido muriendo lentamente en tu pecho
y seguirá muriendo, hasta que tú te mueras.

"Soneto ante la rosa" es una variación, una de sus tantas variaciones sobre el tema:

Hay un silencio en ti, hay una cosa,
una callada muerte que reposa,
una lejana muerte suspendida...

nada comienza en ti, nada clausuras,
en ti sólo es presencia lo que duras
abriéndote y cerrándote en la vida...!

El conjunto de sonetos consta de unos veintidós en total, si se aceptan ciertas licencias, pues hay varios con colas y modalidades que escapan al rigor de la preceptiva. Dentro de este conjunto, pocos se apartan de la idea de la muerte, o de un cierto tipo de muerte, exceptuando algunos ardientes y gozosos como "Este soy":

Este soy yo, tu llama, tu alimento,
tu herradura, tu pan, tu todavía,
tu tibia alternativa, tu alegría,
tu ceniza final, tu aturdimiento.

Por lo general, el poeta no se disimula, no se llama a engaños, se muestra como se siente: abatido, pesimista, incurablemente depresivo y paranoico, aparte de fatalista. Casi siempre está prevenido, receloso, a la defensiva. Casi siempre se muestra suspicaz, desconfía de lo que se le ofrece al disfrute puro y simple de los sentidos. Nadie como René sabe encontrar amargura en los más dulces néctares: nadie como él sabe trocar la miel en hiel. He aquí una muestra, una de muchas:

Toco tu mano, y ya soy diferente,
dispuesto a la ternura, me dominas
y siento que en silencio me caminas
venciendo mi amargura combatiente.
....

> *Yo sé que esto no es cierto, sin embargo,*
> *que el mundo sigue siendo tan amargo*
> *como ante de que en sueño lo conviertas...!*

De cualquier manera, hay que admirar sin reservas la superior lucidez del artista, la forma en que asume su sentimiento trágico de la vida, tal y como se pone de manifiesto en otras facetas de su obra. Así, en "Tiempo de espera", aparecen ya claramente definidos los elementos claves de su poética y de su personalidad poética:

> *Casi muriendo ya, sólo en la espera*
> *del prometido día sin quebranto,*
> *sobre la dura piedra de mi canto*
> *establecí mi Patria verdadera.*
>
> *Aparté mi lucero, mi bandera*
> *de amarga soledad alzada en tanto*
> *nutrí de dura luz mi desencanto*
> *de paloma angustiada y prisionera.*
>
> *Aquí mora mi voz, aquí en la esquiva*
> *soledad donde espero la misiva*
> *de alegre fuego o muerte mensajera;*
> *aquí se nutre el arpa, aquí detengo*
> *el poderoso arco que sostengo*
> *para que el entusiasmo no se muera.*

Los poemas en versos libres de René del Risco Bermúdez conforman la zona menos intimista de su obra, sin duda la más aguerrida y a la vez el tono menor de su poesía, con excepción de algunas piezas claves. Aquí desde luego no está ausente –ni podía estar ausente– el tema o ritornelo de la muerte. No ya la muerte propia, la muerte presentida que lo embarga desde sus raíces, sino la muerte ajena, la muerte de los otros. René llevó un registro poético, bastante minucioso por cierto, de sus compañeros de ideales caídos entre 1963 y 1971. Varias de sus composiciones, entre las que se cuentan "Por la muerte de muchos" y "Aquí o en otras tierras", exaltan la memoria de Jacques Viau

Renaud. En "Palabras al oído de un héroe" rinde tributo a Manolo Tavárez Justo, y en "No está bien, sin embargo", recuerda Maximiliano Gómez (El Moreno). Esta es, sin duda –por su ritmo, frescura y sentimiento– la composición más sobresaliente del grupo, un verdadero logro de equilibrio poético–emocional:

Está bien si la fruta picoteada
se desprende del tallo y viene a tierra
y enloda su dulzura;
siempre queda
el mundo en grave paz,
no ocurre nada.
....
Está bien la paloma en la cornisa
el beso en la mejilla, la mirada
espejo de la risa
y la imprecisa
frontera entre la noche y la alborada.

Bien la mujer que siempre me acompaña,
bien la mesa del pobre, el agua fresca,
el pan elemental, la simple araña,
bien que llueva, que escampe,
y que anochezca.
Hay que aceptar el mundo en su inviolable
redondez planetaria o de moneda,
justa es la soledad, es aceptable,
la vida y el cansancio que nos queda.
Lo que no puede ser, lo que no entiendo
es que tú como un pájaro cansado
de mucha libertad, de haber cantado
en el árbol más alto y más abierto,
mueras así, de un modo tan sencillo,
tan en paz, tan sin plomo, ni cuchillo,
que a mí se me haga extraño
que estés muerto...!

La lista de estos poemas conmemorativos se completa con una media docena de títulos que incluyen: "Unas palabras con Che Guevara muerto", "Por todos nuestros muertos, "Oda erguida en la muerte de Julián Grimaud", "Canto para un muchacho de mi pueblo", "Oda a César Bautista" y "Oda sobre la tumba de mi amigo Jesús". En general, se trata de textos mediocres, intrascendentes, que no salen del montón, y en ningún caso se elevan a la altura de "No está bien, sin embargo", pero que en cualquier caso dan muestras del genuino interés del poeta en la preservación de sus vínculos originales: preservación de sus ideales.

Otra zona, igualmente dispareja, de su poesía en versos libres recoge una especie de crónica de aquella época convulsa en la que a Del Risco le tocó participar. Si unas veces derramó la miel de su poesía sobre sus seres queridos, otras veces arrojó veneno –merecido veneno– contra invasores y traidores. "¡Caramba, General!", por ejemplo, es una sátira contra un conocido militar destituido graciosamente de su cargo por un designio de la Presidencia.

Algunas de las más representativas composiciones de este grupo forman parte de un auténtico rosario de lamentaciones por el destino de la patria invadida. Entre las más dolientes se cuentan "Oye, patria", "Palabras para invasores", "Ofrenda lamentable a un general invasor", así como la gallarda "Oda gris por el soldado invasor". Esta última, muy celebrada en su tiempo, no carece de cierto valor histórico y poético:

> *Venido de la noche,*
> *quizás de lo más negro de la noche,*
> *un hombre con pupilas de piedra calcinada*
> *anda por las orillas de la noche...*
>
> *De oscuro plomo el pie y hasta los besos*
> *viene del vientre lóbrego de un águila*
> *que parirá gusanos y esqueletos*
> *para llenar su mar, su territorio...*

> *Y aquí está saltando por las sombras,*
> *por detrás de alambradas y del miedo,*
> *recorriendo caminos enlodados*
> *con palabras de sangre para todos...*

Dentro de su producción en versos libres, René del Risco reservó, por supuesto, lugar para el amor. Ese amor, igual que en la poesía de Alfonseca, suele encontrarse en el reverso de la medalla, en la otra cara de la guerra y la muerte, pero fundido igualmente con la guerra y la muerte, y a menudo con un paisaje marino bailando al fondo. Véanse, por ejemplo, "Carmen sugerida junto al mar" y "La amiga de la guerra", y sobre todo "Palabras por Eurídice perdida" y "Palabras para Eurídice", que son las mejores de este conjunto de marinas. En ellas, las criaturas del paraíso se trenzan junto al mar, amándose dichosas las unas sobre las otras:

> *Palabras de leñador yo te decía*
> *cuando caía sobre ti*
> *sobre tus ágiles piernas*
> *y la espuma jugaba entre tus dedos frágiles...*
> *¡El mar, Eurídice!*

Pero la dicha, como de costumbre, dura poco, muy poco en casa del pobre. Fatalmente, una "dolorosa certidumbre", un "cruel presentimiento" hacen nido en el "corazón oscuro y caluroso del poeta. No podía ser de otra manera. Aquel amor, aquella etapa dichosa no sobrevivirían al cambio brusco de las circunstancias.

> *Nadie hubiera podido robarnos aquel mar*
> *aquella ardiente edad entre los árboles,*
> *si el cuerno de la guerra*
> *no aturde nuestra frente*
> *con su sombrío aliento de cenizas...*

Es importante notar, en este punto, cómo el sentido del amor en la poesía de Del Risco se corresponde plenamente con su sentido de la vida –con su sentido trágico de la vida–, y estos a su vez con su sentimiento religioso. En casi todos los casos sale a relucir su humanidad doliente y fecunda, así como su concepción epicúrea de la existencia. Cierto es que el tema religioso lo toca pocas veces, pero cuando lo toca lo hace con altura, como corresponde. Así se manifiesta plenamente en uno de sus poemas más tempranos, "Palabras a Dios", que data de 1961:

> *No serán perseguidos de tus ejércitos de Ángeles, Señor*
> *estos que ahora no hacen más que celebrarte*
> *en su propio deleite;*
> *porque vivir sin ti es esperarte*
> *con el pecho manchado por la inocente culpa;*
> *por esa culpa, Dios, que no podemos eludir*
> *los que de ti descendemos por milagro.*

Aparentemente lo seduce al poeta la creencia en un dios verdaderamente bondadoso, ajeno a la idea del infierno, un auténtico dios de redención espiritual y social:

> *He aquí Señor que estoy en ti,*
> *que está en la tierra tu hijo*
> *como tu lo has querido;*
> *sin sucias lágrimas que me impidan verte*
> *en la hora preciosa del dolor*
> *y esperando con fe la buena miel y la abundante leche*
> *que ha de manar un día*
> *bajo los pies salvados de los hombres,*
> *de esta tierra que tú nos regalaste.*

En la obra poética de René del Risco Bermúdez, *El viento frío* sobresale por su dimensión poética y humana. En esta fase de su producción, el código ético-estético reposa en un ideal menos epicúreo que político. Conceptualmente, su poesía aspira ahora a realizarse en lo social y aparece más definido el compromiso: un compromiso de solidaridad con sus semejantes. Nótese de inmediato que *El viento frío* es un libro de atmósfera. Atmósfera más bien enrarecida a pesar de la brillantez del paisaje. Atmósfera de un agobio –frustrante, traumática, depresiva. Atmósfera de una derrota que no dejó de ser gloriosa. Atmósfera donde el amor y el desamor se conjugan permanentemente con el hastío, la soledad, la tristeza y la muerte. Muerte y memoria en el escenario de la ciudad innombrada, crónica de un mundo enfermo de egoísmo, epopeya íntima de un poeta que muere de muerte ajena.

En términos sociales, *El viento frío* expresa el punto de vista del combatiente intelectual pequeño burgués que se reintegra al orden, un orden restablecido mediante el habitual expediente de brutalidad por tropas yanquis, necesariamente yanquis.

Lloviendo sobre mojado, puede afirmarse que *El viento frío* es el símbolo de la frustración de la pequeña burguesía comprometida con los cambios sociales. Ninguno de los autores que vivieron las jornadas heroicas y esperanzadoras de abril, ha dejado de sentir el soplo del viento frío. Esto es, la resaca de la guerra, la aceptación obligada de las limitaciones del ambiente, el reingreso en un presente sacudido pero intacto, medianamente soportable por la confianza en un futuro. Un futuro incierto, sin embargo, castigado, postergado por el monstruo de la represión que se tragó cuatro mil vidas en doce años de continuismo balaguerista.

En las hermosas y certeras palabras de Juan José Ayuso, *El viento frío* "es viento de derrota y desilusión, es viento de enterrar sueños, es aire frío que sopla de noche en la tumba sin luz donde reposan las derrotas de los hombres...".

El escenario se reduce a la ciudad, y la ciudad se reduce al ángulo sitiado por los invasores entre el mar y el río: la zona colonial y sus alrededores. No se la nombra porque es una ciudad simbólica, ciudad cementerio, ciudad de lutos recientes, ciudad falsa poblada por especies de fantasmas que viven una vida de mascarada. Junto a ellos se encuentra una minoría selecta. Ilusos que se niegan a vegetar, rebeldes que no dan por terminada la revolución y actúan con hechos o palabras. Contra todos –fantasmas, ilusos y rebeldes– el poder afila sus instrumentos. A fuerza de conformismo y a fuerza de represión, la sociedad restablecida sana, se limpia el rostro de la ciudad innombrada. El gobierno invierte en obras públicas de relumbrón, política de vitrina. Los aparatos de presión del estado domínico-americano seleccionan sus víctimas. Uno por uno –cuando no en grupos– irán cayendo los dirigentes de la revolución. Dirigentes, activistas, comandantes: artesanos del sueño que se hundía. También cayeron otros —cientos de otros— que sólo tenían la culpa de ser inocentes, inocentes atrapados por la lógica del poder en situaciones de terror. Esto es, infundir miedo en los que están, incluso en los que no están.

Ambiente y circunstancias determinan, como se ha visto, actitudes extremas, influyen sobre todo en el punto de vista del observador. He aquí un dato interesante: la puesta en escena de *El viento frío* está condicionada por una estrecha faja de espacio libre dentro de la ciudad zombi. Desde esta perspectiva, hay que notar que la mayoría de los textos parecen haber sido escritos o pensados desde un balcón (igual que algunos de los poemas de Alfonseca), casi como buscando aire para escapar de la asfixia de posguerra. En efecto, el balcón es el sitio de observación privilegiado para fines de orientación. Desde el balcón se domina el espacio físico que ocupa la estructura poética, una estructura ausente, como diría Humberto Eco, calculada al milímetro, incluso visible, pero ausente físicamente: espejismo que engaña a los sentidos sin dejar de ser realidad para los ojos.

En menor medida, cafetería y cinematógrafo cumplen funciones similares a las del balcón, pero con una sutil diferencia: la cafetería, como el cinematógrafo, representan el punto de vista del observador integrado, no del espectador apocalíptico que era René, el René que miraba desde el balcón el caos que se organizaba sobre la ruina de los ideales de abril. Presumiblemente se trata del balcón de la casa que habitaba el poeta en la Avenida España. Balcón mirador, balcón observatorio, balcón indiscreto, balcón telescopio de Galileo, balcón desde el cual puede verse, siempre verse, a la muchacha que se peina, se cambia se perfuma, se maquilla, lo mismo que al hombre que pasa por debajo con su carga de ilusiones cotidianas.

Balcón, en fin, para ver la vida en sus aspectos más engañosamente inmediatos, balcón ventana de la vida. En el fondo se trata de eso: el poeta vive la vida como mirando a través de una ventana, sin tomar parte en ella, a la distancia que le imponen su "yo" y sus "circunstancias".

El punto de vista del autor frente a su obra también concierne al tono y al estilo, no sólo a la ubicación. René eligió –como Alfonseca en *La guerra y los cantos*– un tono coloquial y un estilo realista y simbólico que no traiciona su porfiada vocación romántica. La obra es descriptiva, prosística por elección. Es narrativa. Todo el libro es un gran conversatorio donde el narrador está junto al poeta o sobre el poeta. De hecho, los poemas tienen ritmo pero no tienen música, no tienen melodía, no se prestan a grandes declamatorias. Como Picasso en *Guernica*, René del Risco renunció a los colores, a las notas altas, estridentes. *El viento frío* es obra asonante, a veces disonante, o más bien monocorde, sin más adorno que su sencillez ni más belleza que su verdad profunda.

El primer poema, el que da título al libro, empieza naturalmente con altura, desde el balcón de marras, y con una nota que es casi de optimismo, escrita como al final de una larga convalecencia:

Debo saludar la tarde desde lo alto
poner mis palabras del lado de la vida
y confundirme con los hombres
por calles en donde empieza a caer la noche.

Es la nota de alguien que –por lo menos en propósito– decide aceptar, asumir la vida y el mundo como son, no como quisiera que fuesen:

porque todo ha cambiado de repente
y se ha extinguido la pequeña llama
que un instante nos azotó...

La conciencia de ese cambio se traduce, momentáneamente, en resignación forzosa, forzada por las circunstancias de las que ya se dijo:

Ahora estamos frente a otro tiempo
del que no podemos salir hacia atrás...

Se trata de una resignación rebelde, quizás de una rebeldía resignada. Todo parece entonces reducirse a un simple juego de palabras que, como todos los juegos del *homo luden*, encierra un sentido segundo. Rebeldía resignada o resignación rebelde implican de muchas maneras la existencia de un mecanismo de rechazo mediante el cual el poema, todos los poemas de *El viento frío*, se niegan a ellos mismos: niegan lo que ofrecen. Para usar términos de la publicidad comercial (en los cuales Del Risco fue un maestro), el soporte de promesa niega la promesa o se convierte en su contrario. Así, la diversión es hastío, la palabra "alegría" es víctima de una doble adjetivación que la hace gris o lúgubre, de manera que todo lo que es alegre es triste, "amargamente alegre", dice el poeta. La compañía trae aparejada un sentimiento de soledad, el amor se torna en desamor, la vida es muerte, la ciudad es infierno, escenario de una derrota. Lo que empieza siendo hermoso es el inicio de la invasión del viento frío:

Es hermoso ahora besar la espalda de la esposa,
la muchacha vistiéndose en un edificio cercano,
el viento frío que acerca su hocico suave
a las paredes,
que toca la nariz, que entra en nosotros
y sigue lentamente por la calle,
por toda la ciudad...

Lo anterior se explica en función de un viejo y permanente drama existencial, que es el que se reproduce en *El viento frío*: el drama del hombre dominado por el sentimiento de vacío frente al sinsentido de una vida, el paradójico vacío existencial de un hombre lleno de poesía. El mismo sentimiento conduce al rechazo de la existencia como ficción, a la ficción de vivir por vivir, a la falta de autenticidad de las relaciones humanas instauradas por los vencedores. El poeta narrador se queja de la indiferencia, se duele porque "ya no son tan importantes los demás". Se dirige a Belicia, nombre ficticio de una entrañable persona cuya identidad no viene a cuento:

Belicia, mi amiga,
tal vez debamos ya cambiar estas palabras.
Atrás quedaron humaredas y zapatos vacíos,
y cabellos flotando tristemente...
ya no son tan importantes los demás...

El ingreso al orden reconstituido implica el trauma de un segundo nacimiento o de una segunda muerte a través del proceso de adaptación al clima de posguerra, posiblemente la renuncia a sus ideales. He aquí el conflicto. El mundo que se le ofrece es el mundo de la indiferencia, ajeno por completo al heroísmo, a la solidaridad, a la esperanza:

> *Porque hemos regresado, Belicia.*
> *Ahora paseamos junto a los jardines*
> *y discutimos de otras cosas,*
> *y yo no admito tu dureza,*
> *y tu descubres mi egoísmo*
> *y en fin Belicia, amiga mía,*
> *ya los demás no son tan importantes*
> *y tú y yo debemos comprender*
> *que estamos en el mundo nuevamente...*

En ese ambiente, y para un artista de tan fina sensibilidad, la alegría individual carece de sentido o tiene un sentido egoísta. Quien aspira a la felicidad colectiva no se conforma con menos. Insumiso, rebelde, se diría que al poeta le resulta imposible ser feliz por sí solo, no puede ser alegre sin los otros. El origen de su mal, de su tristeza, es histórico: su ego enfermo es proyección del malestar social. Lo que es alegre individualmente, es triste de rebote, socialmente triste. Por carambola, alegría y tristeza van juntas cuando sopla el viento frío. Polos de una misma dialéctica:

> *Porque entonces, estás tú.*
> *Y ya no puede haber ciudad*
> *donde los hombres andan*
> *con un presentimiento grave en la mirada,*
> *donde los diarios traigan*
> *esos descorazonadores titulares*
> *de las primera planas,*
> *y un niño sienta*
> *el mismo odio que nosotros*
> *mientras nos lustra los zapatos.*
> *Porque, entonces, estás tú;*

> *tan dulcemente junto a mí,*
> *que hasta puedo engañarme con tu risa*
> *y llegar a creer*
> *que este es un día alegre...*

La misma lógica, dentro de las mismas circunstancias, justifica el sentimiento de soledad que sufre el poeta en la vida y en el poema que la traduce. El poeta de *El viento frío* siempre está sólo, aun si se encuentra en compañía de los demás. La paradoja es aparente. En condiciones de viento frío el poeta es un extranjero en su tierra, un "inadaptado", un soñador aferrado a un código ético–estético que no se corresponde con los valores del momento. Vale decir, un exiliado en su interior.

Defiende ideas y principios por los que ha visto morir a muchos de sus compañeros, y a pesar de que la vida le sonríe en términos de realizaciones personales, el poeta no se siente realizado. Al parecer no se sentirá realizado ni en la época de sus mejores éxitos literarios y económicos. Siempre da la impresión de ser alguien que hace el esfuerzo por adaptarse al medio sin traicionar lo mejor de sí. Repugna de los clichés y deja constancia, aborrece los lugares comunes y las falsas nomenclaturas, y también deja constancia. No es alguien que disfruta de los favores que le dispensa el medio. Más bien se trata de una persona que se siente agobiada por las exigencias de "la simulación en la lucha por la vida". La inocente taza de café se le antoja una trampa:

> *Puedo pensar que esa taza de café*
> *delante de ti,*
> *junto a tus manos,*
> *es un oscuro pozo donde empiezas a hundirte*
> *desde las ocho menos cuarto,*
> *víctima de toda una vida nómada, desolada, tonta...*

La soledad del exilio interior, que se expresa en términos sociales, también concierne a sus relaciones íntimas con las "mujeres" y "muchachas" que pueblan el pequeño universo de *El viento frío*. La compañera de ocasión no falta, en efecto, casi nunca, a veces en número plural. De hecho es omnipresente. Aun así, en la mejor compañía posible, el poeta no reprime y no disimula un sentimiento de soledad, soledad en buena compañía, como ya se dijo. Parecería que la compañera de ocasión, muchacha o mujer, presencia inexorable en cuanto fantasma y símbolo, siempre está un paso atrás de su sensibilidad y su inteligencia: no lo representa al poeta, no lo llena. Hay un vacío entre ambos, una distancia. Y el sentimiento de soledad reaflora, otra vez, en términos sociales:

Tu quizás no lo adviertas,
pero ahora hablas con palabras corrientes,
te preocupan las cosas que a todas las mujeres
molestan alguna vez,
las cosas que nunca mencionaste en otro tiempo...
Yo, junto a ti, pienso y sufro,
siento este momento que se va,
la mecedora de metal,
cartas que debo escribir,
todo lo sufro,
lo comprendo...
yo sé que el tiempo es todo esto irremediable,
la infancia con su luz,
toda la mentira,
las equivocaciones,
tú,
tú, Belicia, también eres el tiempo...
Ahora la niña retoza entre tus piernas
y yo podré mirar las casas con jardines
pero mañana no será esto otra vez,
además, estarás tan disgustada...!
Si yo te dijera en voz alta estas palabras que escribo
entonces te sería fácil
comprenderlo todo,
el desencuentro,
lo que dejamos de ser
como quitarnos un anillo...
Pero, en verdad, quizás no está del todo bien,
tal vez yo quiera mostrarte

un lado demasiado feo del mundo.

La taza de café que recela una trampa representa el final de ese tránsito desde la enfermedad del amor hacia el hastío, el desamor y el hastío. Nueva vez queda en evidencia la imposibilidad de ser felices juntos, nuevamente es víctima de la ficción de vivir, el vacío, la distancia, la incomprensión:

Porque para todos hay un tiempo, nada más.
Después nos descabeza el hastío.
Nos arruinamos en gestos
y feroces intentos.
Nos vamos quedando en una amarga soledad,
en una inexorable soledad
de café, de implacables ojeras de ceniza...

A propósito de la taza y del café, hay que anotar otro dato significativo. Entre los elementos gráficos que el autor eligió para ilustrar sus textos, ninguno es más elocuente, importante y recurrente que la taza de café. De un total de nueve fotografías, incluyendo portada y contraportada, cuatro corresponden a la taza de café, dos a la calle, una a la cafetería, otra a la misteriosa Lucy Ann Astwood –junto a una ventana– y la última a la propia efigie del poeta. (El poeta pensante y fumante, el vaso lleno de un líquido precioso, en un ambiente sugestivamente brumoso).

Las fotos comentan los textos, naturalmente, y a su vez son comentadas por los textos. La importancia de unas y otros, en cuanto a su valor representativo, se confirma plenamente al analizar los motivos explícitos de la poética de *El viento frío*, que es la poética de la obra completa de René del Risco. Todo ello habla del orden y el método con que se planificó el libro, un libro obsesivo, página por página, concebido, no cabe duda, por un obseso. Nada hay aquí tan obsesivo, sin embargo, como la obsesión por la ciudad y la muerte, la muerte en la ciudad y la ciudad en la muerte. Ciudad y muerte son palabras que se alternan y se repiten de tal manera que aun en su ausencia están presentes. Hasta en el epígrafe aparece la palabra muerte. La dedicatoria tiene ciudad y muerte aparejadas, apareadas, matrimoniadas, indisolublemente juntas:

> *te llamas Vicky, Luisa, Aura, Rosa*
> *y no importa...*
> *A ti,*
> *porque en esta ciudad mueres conmigo,*
> *me acompañas,*
> *y no haces más que repetirte, en mis palabras!*

En un poema hermético como "Esta dulce mujer..." –tan hermético que casi parece un muro de contención, impenetrable– sólo es posible recuperar para el entendimiento una especie de aura simbólica, evocación de una atmósfera de muerte y desolación en la ciudad sugerida, apenas insinuada. La ciudad, la ciudad obsesiva de René del Risco, la ciudad que se desdobla en mil facetas, la ciudad que él pinta y dice, una ciudad que todavía lleva el estigma de la invasión, la ciudad que es el escenario natural de la derrota y la muerte, circo romano para el disfrute de fieras amaestradas que observan sin ser observadas. Nadie ha tenido un sentimiento tan arraigado y profundo de la ciudad como el "provinciano" René. En la ciudad que él dice y redice no matan sólo las balas. Matan las convenciones, el egoísmo, el conformismo, el consumismo moldeador de conciencias tranquilas:

> *Si nos atrevemos a salir,*
> *nos matarán los otros.*
> *Nos obligarán a pisar un pedal,*
> *a tragar rápidamente letreros, paredes, alguna voz,*
> *a huir toda la noche*
> *como buscando a nadie.*
> *Nos matarán los otros...!*

Sobre este tema hay otras variaciones que remiten a una misma inquietud. El peligro de muerte dentro de la ciudad acecha permanentemente, pero no siempre se trata de un peligro de muerte física. A menudo se trata de un peligro existencial, peligro de muerte en vida. A la trampa de la taza de café se le agrega una nueva amenaza. La ciudad escenario de la muerte se convierte en ciudad victimaria:

> *esta misma forma de morir*

> *que tiene una muchacha*
> *llamada Vicky, Luisa, Aura, Rosa,*
> *ante una taza de café,*
> *víctima de toda una ciudad,*
> *de toda una vida nómada, terrible, tonta...*

Aparentemente no hay escapatoria. Dentro de la ciudad, la muerte aprieta, teje su lazo, no hay alternativa, no hay salida:

> *Esta ciudad*
> *en la que te fatigas y recuerdas*
> *y huyes de ti con mucho miedo,*
> *con el temor de entristecerte demasiado.*
> *Esta ciudad*
> *no te olvidará ni un solo instante,*
> *como todos, estás para esta muerte...!*

La ciudad implacable, escenario de la muerte, ciudad a veces victimaria, también es ciudad que hace escarnio de sus habitantes, objetos de burla:

> *Porque ya sólo nos quedan ojos*
> *para estrujarlos dolorosamente en las vidrieras,*
> *para ver la lluvia sordamente caer*
> *entre arrugados papeles y zapatos,*
> *para mirar este otoño*
> *con extrañas mujeres*
> *en cuyos rostros la ciudad*
> *se burla de nosotros.*

El momento poético más terrible tiene lugar allí donde el amor se conjuga con la ciudad y la muerte:

> *Hasta que llegue este momento*
> *en que nos damos cuenta*
> *que toda la ciudad*
> *la devoramos juntos*
> *con palabras y whisky en esta sala...!*
> *Tú, que hablas tan cerca de estas cosas,*
> *me convences como nadie*
> *de que el amor entre nosotros,*
> *es un serio trabajo de la muerte...*

Todo ello es posible en la ciudad perdida, dantesca antesala del infierno, ciudad generadora de discordia, egoísmo, indiferencia. Es la ciudad que sustituyó a la ciudad generadora de esperanzas, ciudadela de las ilusiones combatientes. La ciudad irrecuperable:

Aquella ciudad no la hallarás ahora
por más que en este día
dejes caer la frente contra el puño
y trates de sentir...
No, no era esta ciudad.
Te lo repito...

Por lo que puede apreciarse, hay pocas notas alegres en la obra de René del Risco y Bermúdez, incluyendo sus cuentos, sus magníficos sonetos y versos libres. Todo en esa obra conspira, por el contrario, a favor de la sombra. Todo en ella habla, parece hablar de un poeta densamente poblado por la muerte. René vivió agobiado quizás por un presentimiento o vocación de muerte prematura. En más de un sentido, su arte poética es anticipación y presagio de la muerte, de muchas formas posibles de la muerte, entre ellas la muerte física y la muerte por inmersión social, la muerte por asfixia que conduce al conformismo. En más de un texto, en serio y en broma, se describe suicida. La descripción es acertada porque casi todo en él va de la mano de la muerte, la muerte que percibe próxima, posible, la muerte convidada.

Ansiedad de muerte y ansiedad de vida se corresponden con su personalidad ciertamente compleja. Es neurótico, por supuesto, hipersensible, depresivo, tal vez más autodestructivo que suicida, aunque nadie está más cerca del suicidio que un depresivo. Con frecuencia recurre a somníferos, recurre a la bebida y lo justifica porque "hay necesidad de ti, salobre vino hermano". Por ser mal bebedor, hace mala bebida y hace crisis. El hecho en que perdió la vida permanece ambiguo: un accidente suicidio, uno de los pocos hechos ambiguos de su biografía. Pero su muerte era anticipable.

Por otro lado, mucho ha contribuido la maledicencia a difundir la tesis del suicidio, alimentando el mito de un René asqueado de sí mismo en cuanto revolucionario enganchado a publicista. Posiblemente René sufrió sus contradicciones como han testimoniado sus más cercanos amigos, y sobre todo sus más cercanos enemigos. Dejó constancia de ello en más de un poema memorable, y más específicamente en "Entonces, ¿para qué", el último del libro:

Para qué entonces, si sabemos
que esta hoja de parra del amor mentiroso
se cae a cada instante y nos desnuda
y nos muestra tal como somos
hipócritas, cobardes, ingenuos a propósito,
verdugos,
lamedores a sueldo del látigo y el palo...

A pesar de todo, René no traicionó sus ideales. Vendió "su fuerza de trabajo", no su conciencia. Probó el buen vino y el éxito económico, más no perdió la moral. Alejado de la política militante, vio caer a sus compañeros y los incluyó en su registro poético, dejando constancia de su adhesión a la lucha. Inútil es buscar motivos que no existen. La muerte de René del Risco y Bermúdez –el más dotado narrador y poeta de su generación– estaba escrita en su obra.

| Del libro: *"Memorias del Viento Frío"* (inédito, 2005).

AHORA CUANDO VUELVES, RENÉ
Enriquillo Sánchez

Has reunido como un mago sin tregua las noticias de la tarde, has olvidado por un instante la fábula que tramabas en la Underwood bajo la maravilla sin escritura de los laureles, has visto regresar a las oficinistas a sus despoblados y grises escaques de frío, has nombrado a amantes y a ciudadanos mientras ocupaban los cinematógrafos para repetirse en ellos sin otro juguete que la quimera, el tedio o la mentira, has recorrido la muerte de los otros en las primeras planas de los vespertinos que sangran ensopados de tinta, te has detenido en las gasolineras que dan al mar igual que antaño daban al sueño las carpinterías de San Pedro, has visto correr a los primeros transeúntes de la lluvia dentro del rumoroso tumulto de las canciones, y has presumido como de costumbre la ilegible, la irresponsable sintaxis de Dios.

Estás frente al espejo. Estás frente al espejo, en el que continúan ocurriendo sin cesar las muchachas y las golondrinas de la tarde, y te perfumas. Te anudarás la corbata de diminutos lunares, pondrás en su lugar los gemelos que una de ellas te regaló ayer con una nota desesperada, colocarás la pluma Parker en el impecable bolsillo del corazón, humedecerás con vetiver el pañuelo que lleva tus iniciales y frotarás con un retazo de bayeta berrenda los zapatos relucientes de la farra. Pronto saldrás a la noche, ese animal, ese navío. No vacilarás. Saldrás armado. Has recibido la orden. Lo que decides –lo que ordenas– también lo decide y lo ordena tu cuerpo. Dejas sobre el escritorio la memoria, que jadea en un rincón amarillo parecida tardíamente a un podenco herido. Lo has dicho. Si te atreves a salir, René, te acuchilla un trompetista.

Hablo, desde luego, como si fuera propio, como si fuera mío, el lenguaje que René del Risco desató para siempre en los días inmortales y lancinantes de posguerra. Me demoro y me deleito en el pastiche, que quizá el autor de *El viento frío* y Rafael Américo Henríquez, autor de *Rosa de tierra*, merecen más que nadie en los fastos de nuestra íngrima República de las letras. Fue una ruptura radical con los lenguajes establecidos y con las poéticas dominantes. Allí nació una nueva imaginería y una nueva moralidad verbal. Estábamos frente a unas escrituras que carecían en absoluto de precedentes, desde el postumismo a la Poesía Sorprendida y desde los independientes del 40 a la generación del 48.

Aquella provocación, como todo acto de inusitada *poiesis*, de invención inesperada y de audacia que no transige en ninguna circunstancia con la cobardía, ha llegado intacta hasta nosotros. Lo que René vio a escala nacional en 1965 se cumplió a escala mundial en 1989. Tratábase precisamente, huelga decirlo, del viento frío, de las rachas de una ventisca helada que nos azotaba sin miramientos. Hoy lo sabemos, pero entonces no lo sabíamos. Tuvimos que esperar más de dos decenios para ver confirmada la profecía. El estallido de los sesenta debió aguardar a la consumación de los noventa para que la historia adquiriera finalmente sentido, aunque ese sentido fuera el de un final hegeliano ya definitivamente proclamado por la paradoja de un suculento japonés ajeno sin apelación a Occidente.

René vive –trepida, argumenta, bromea, proclama– treinta y un años después de la partida. Hay vivos que a diario desaparecen –vivos que no resisten la época–, mientras René permanece erguido en la hélice luminosa de la pureza que pergeñó a dentelladas. Fue él quien advirtió primero la derrota y fue él quien primero la escribió al descubrir ciertos orbes inéditos en la literatura dominicana. No era la ciudad, sino el lenguaje desconocido de la ciudad. No era la pequeña burguesía (lugar común que nos asoló como pocos otros), sino la espiritualidad lastimera de la pequeña burguesía y de sus desleídos fuegos de artificio. No era la incipiente sociedad de consumo, sino una ética en la que aún no habíamos discurrido. No era todavía el fin de la historia, sino su imprevista y calamitosa agonía. Fue –y es– una escritura. Todo ocurrió en los breves o eternos cataclismos de la lengua.

A sabiendas, René inhumó, decidido a pagarlo con la vida, los atrincherados imaginarios utópicos para fundar los íntimos espacios de lo privado. Es René quien nos conduce de los ámbitos declamadores de lo público a estos ámbitos discretos y encantadores de lo privado. Él encarnó la transición. De la Edad Heroica migraríamos luego al vacío del consumo y a las orgías de la sociedad de consumación. René lo intuyó cuando nadie lo intuía, cuando nadie lo oteaba, cuando nadie lo barruntaba. Empezábamos entonces a salir del fetichismo de la mercancía hacia la mercancía del fetichismo, es decir, del mundo quizá agobiante de las cosas hacia el universo mágico y desaforado del lenguaje de las cosas. René descubrió, de un único y relampagueante vistazo, las nuevas fantasías de la contemporaneidad. Habíamos arrojado las abrasadoras banderas del mitin para encender las luces lábiles y leves del *living room* y habíamos trocado la patria por la eficiencia no sin retórica de un microondas literalmente inimaginable. Dejábamos el PC por la PC. El deseo de la revolución fue sustituido abruptamente por la revolución del deseo. Lo sé porque a mí me tocó rizar el rizo, sumergido en los exquisitos funerales de la posmodernidad, durante el clamoroso decenio de los noventa.

La ciudad era un dedal marino, un breve bajel de miel, un espejeante garabato áureo. La ciudad era un signo, apenas un signo, y tú la escribías contra la esperanza en los pergaminos que habías salvado con osadía de la hecatombe. Era una ciudad de mentirijillas, pero tú veías la urbe en lugar de la aldea, y dejabas los ojos sobre las cigarras, y pronunciabas como un vigía postrero el nombre aterido de las glicinas, y a las muchachas que se peinaban el pelo en dos mitades pavorosas las sentabas en tu pupitre de vidente para que recorrieran contigo la noche y el aquelarre lluvioso de la noche y los astros procelosos y mendicantes de la noche. Acaso estabas enamorado. La ciudad olía ora a menta, ora a nafta. En el balcón navegante de Miñín Soto, roto el pez y rota la metralla, alta

la sed de guitarra y delfín, vociferantes y aguerridos como cualquier condotiero en el fragor ensordecedor de la batalla, apurábamos los alcoholes cruentos de la eternidad y tú proclamabas –tú, René del Risco–, mientras alzabas la voz para que nadie luego alegara inocencia, que El viento frío *era más importante que lo que quedaba entonces de la Agrupación Política 14 de Junio.*
Yo estaba ahí. Yo te escuché decirlo. Yo tomé nota en mis pergaminos a veces inconfesables y excesivos, aunque no alcanzara entonces a comprender del todo lo que decías en el balcón navegante y enaltecido de Miñín Soto. Ahora, treinta y seis años después, sé que definías así tu lugar frente al manoseado compromiso sartreano –aquel *engagement* que Sartre predicó en *¿Qué es la literatura?*, su libro de 1947 que tuvo un incontenible éxito planetario y que fue de inmediato asumido por los oficiantes fascinados del poema marxista–, y que así fijabas, con una frase fulgurante, tu lugar como intelectual que había deslindado tajantemente la política de la poesía, para dar soberana prioridad a esta última. Frente al poema de la política fundaste, antes que nadie, la política del poema. Anunciabas ya, con aquel rayo de lucidez y coraje, espetado al parecer sin consecuencias, la inminente desaparición de los intelectuales en el reciente decenio finisecular. Yo lo sé. Yo estaba ahí. Yo no lo he olvidado.
Basta leer con detenimiento *Ahora que vuelvo, Ton*, un cuento emblemático. A diferencia de Bosch, que estaba dentro de sus obras como un irreducible predicador, maestro preclaro que sin duda inauguró la noción de pueblo en la historia nacional y que no se separaba nunca de sus criaturas, abrazado ejemplarmente a una causa redentora de evidentes alcances mundiales, en este cuento de René se establece una distancia insalvable entre narrador y personaje. La sociedad ya no es la que había sido. René advierte el tránsito de los años treinta a los años sesenta. La sorpresa del cuento consiste en que establece esta insalvable distancia hasta entonces inédita en la literatura dominicana. Estamos ante una nueva teoría de lo político y ante una desconocida política de la literatura. Por supuesto, concluía allí, o daba señales de

concluir, la pasión de la política como destino, furor que duró dos largas centurias y que Bonaparte fue el primero en olfatear.

Era –no más, no menos– el fin de la emancipación. Nada colma –nada, ni siquiera las palabras, materia de la que según Mallarmé está hecha la literatura– el abismo que separa al narrador del personaje al que se dirige, y que a pesar de la infancia y los lenguajes compartidos han tomado dos trayectorias sociales y verbales substancialmente incomunicadas. La eficacia del cuento reside precisamente en esta incomunicación, que se erige sobre la desgarrada solidaridad y una dolida ternura que se nos muestra como inútil. La aventura de la narración depende de esta sorpresa en la que ya no sirven de ninguna manera las palabras, por lo menos en la medida en que tal vez les sirvieron antaño a apóstoles como Bosch. O, mejor, la sorpresa consiste en que éstas ya sencillamente no colman la hendidura o el hueco o el vacío de una brutal extrañeza inevitable.

Es René quien funda entre nosotros la narración dilapidada. Fingiendo que le habla a Ton, de hecho el narrador nos habla a nosotros, sus lectores, destruido para siempre el antiguo, el heroico vínculo que unía a los escritores con los de abajo. El proyecto del narrador no es ya ni remotamente el proyecto del personaje, aunque ese narrador esté arrojado todavía a los sinsabores poéticos de la mala conciencia. Ton y el narrador innominado no hablan. Mientras uno trabaja, el otro naufraga. Ambos viven en las afueras de la historia, de la que han sido expulsados por el resto de sus vidas. La lengua ha muerto entre ellos, como si dijéramos que ha fenecido la trama desencantada de cierta sociedad, de cierta política y de cierta literatura, así como el propio porvenir y la palabrería agotada de la emancipación, que otrora incendiaba los cuerpos y las almas.

Es ahora cuando vuelves, René. Hoy es 20 de diciembre de 1972. Saldrás del festivo y humeante Dragón de chinos después de medianoche y tomarás el malecón salobre y atronador rumbo a Manaclas, donde solían inmolarse tus compañeros apenas nueve años atrás. Digas lo que digas, sabes que es imposible renunciar a una épica y a sus cruentos ucases ineludibles. Eres el poeta que divide una época de otra. Ahí está, agudo y hastiado, el trompetista que te acuchilla cuando te atreves a salir. Burlamos el poema, pero no los tiempos. Has convertido el viento frío en la imagen con mayor resonancia de las letras nacionales. No ignoras que eres literatura. Has hecho de René del Risco un personaje con existencia propia, una desmedida obra de arte y el único mito del bullicioso y concurrido Parnaso dominicano. El mar, ahora, semeja un león de numerosa espuma, y la noche se pone grande, cada vez más grande. Diciembre crece. Escuchas vítores. Porque nunca te fuiste, es ahora cuando vuelves, René. Yo lo sé. Yo estoy aquí.

EL VIENTO FRÍO DÉCADAS DESPUÉS
Soledad Álvarez

Fue un deslumbramiento. Yo apenas balbuceaba versos y otras osadías cuando llegó a mis manos aquel libro que desde su portada contradecía el discurso del compromiso, dominante por entonces en la literatura dominicana: un paisaje urbano con una taza de café en primer plano, en un ángulo que nos trasladaba al ambiente diletante de las cafeterías citadinas. Su título: *El viento frío*. Años después conocí a su autor. Tenía que ser en la calle El Conde que él reinventaba a la medida de sus versos y de una mitología personal que ya mostraba sus contornos. Al deslumbramiento siguió la fascinación. Y cómo no. René del Risco Bermúdez era de un encanto irresistible. O al menos, así me pareció. Después lo vi muy contadas veces, pero en la imaginación candorosa y febril de mi adolescencia él se convirtió en la personificación masculina de la poesía, y del poeta. Su muerte inopinada frente al mar de la ciudad, uno de sus principales motivos poéticos —para algunos una especie de suicidio— cerró el círculo del mito. Desde entonces, libro y autor se han convertido en paradigma de una generación que transitó desde el compromiso político —la lucha anti trujillista y la trinchera en la guerra de abril— a la frustración; del exilio al mundo glamoroso de las publicitarias; de la cárcel a los bares y las tertulias en las que convivían mano a mano la inteligencia y la petulante gestualidad.

Con una mezcla estremecedora de rabia e impotencia, *El viento frío* se inscribe en la quiebra que siguió al fracaso de la insurrección popular de 1965 por la intervención militar norteamericana. Del Risco no sólo transcribe el desaliento de los "constitucionalistas" vencidos, el que debió sentir en carne propia como combatiente que fue él mismo, sino que además, con lucidez premonitoria, avista en la imagen de ese viento frío "que entra en nosotros", el reflujo que aniquilaría a la izquierda dominicana años después, agobiada por sus errores y por la represión del régimen despótico de Joaquín Balaguer. Las contradicciones de una subjetividad desgarrada entre los imperativos de la realidad y la pertinacia del sueño democrático–revolucionario afloran en este texto como en ningún otro de su tiempo, incluidos *La guerra y los cantos* (1966) de Miguel Alfonseca, *El nuevo canto* (1968) de Pedro Caro, y *Sobre la marcha* (1969) de Norberto James. Del Risco se aparta del optimismo izquierdista que veía la toma del poder a la vuelta de la esquina, como se apartan del aliento épico y la imaginería bélica de la poesía de los sesenta el individualismo romántico y el tono coloquial de sus versos. A la sordina, el poeta reflexiona sobre la derrota, y recupera, no sin un dejo de amargura, momentos y escenas de la cotidianidad durante el conflicto armado, estaciones agónicas para llegar a un discurso de resonancias claramente existencialistas:

> *Ya no es hora de contar sordas historias*
> *episodios de irremediable llanto,*
> *todo perdido, terminado.*
> *Ahora estamos frente a otro tiempo del que*
> *no podemos salir hacia atrás* (p.17)

El conflicto armado, paréntesis de muerte en la muerte cotidiana que viven los hombres y las mujeres en la ciudad, fue un episodio gratuito del que sólo ha quedado una conciencia más lúcida del sin sentido de la existencia. En su radical desesperanza, para la que no hay otra salida que la muerte, Del Risco se acerca al héroe existencialista de *La peste,* ese Dr. Rieux para quien la epidemia, aun después de concluida, es una "derrota interminable". Y es que la guerra, situación límite como la peste, al arrancar de cuajo los revestimientos de la normalidad deja al descubierto las grietas de la vida pequeño burguesa, con lo que hay en ella de puesta en escena. Fracasado el intento y terminada la representación, otra máscara sustituye a la que antes había sido sustituida. Así, el regreso a la normalidad no está marcado ni por la resistencia ni por la esperanza. Extinguida

> *la pequeña llama*
> *que un instante nos azotó*
> *quemó las manos de alguien,*
> *el cabello, la cabeza de alguien*

el sujeto poético regresa al mundo y se confunde con los otros. Lee periódicos, selecciona perfumes y corbatas, gesticula festivamente como pequeño burgués (p.21), pasa junto a confortables oficinas bancarias y por entre los vendedores de revista (p.35), y hasta piensa y sufre como parte que es de *"un juego triste, / inexcusablemente triste."* (p.57). Nuevamente está en la vida y en las calles, pero es un extraño, un extranjero; y en lugar del calor de la solidaridad le cala un viento frío, un aire helado *"que acerca su hocico suave a las paredes, / que toca la nariz, / que entra en nosotros y sigue lentamente por la calle por toda la ciudad."*

En casi todos los poemas el conflicto entre conciencia y realidad, entre utopía y desesperanza, entre los otros y el yo es insoluble. Si ante la derrota la salida es el ensimismamiento y el regreso a la individualidad, apartarse del otro es la conversión en "nada", una muerte a la que se ha llegado después del descenso a los infiernos de la guerra. "Si nos atrevemos a salir, nos matarán los otros" dice en uno de los poemas más estremecedores del libro por su atmósfera paranoide y sus imágenes delirantes, recordándonos la famosa frase de Sartre "el infierno es los otros". Paradójicamente, el abandono del proyecto colectivo reafirma la libertad personal:

> *Belicia, mi amiga*
> *tal vez debamos ya cambiar estas palabras.*
> *Atrás quedaron humaredas y zapatos vacíos,*
> *y cabellos flotando tristemente....*
>
> *Ya no son tan importantes los demás,*
> *ni siquiera tú eres tan importante:*
> *podemos marcharnos, separarnos,*
> *y nadie lo reprochará por mucho tiempo,*
> *ni siquiera tú, Belicia.* (p.21)

En general, la crítica de su tiempo no pudo ver en *El viento frío* los aspectos que aluden a la crisis de la individualidad en las sociedades modernas, y que son, justamente los que enlazan estos poemas con el discurso actual de la postmodernidad. Como en la década de los 90, el sujeto poético de *El viento frío* es un ser en tránsito pero sin proyectualidad, sin historia, sin otro fin que la anécdota y el instante. Para este hombre descentrado y desencantado, huérfano de trascendencia y sólo atento al latido de su propia subjetividad no hay respuestas colectivas. Del Risco llamó "viento frío" al fracaso de la utopía de abril. Nosotros llamamos post–modernidad a este tiempo "cool" de incertidumbres y pérdidas de las utopías colectivas, pero el mal de fondo es el mismo: la apatía y el abandono ideológico a fuerza de frustración, la incondicionalidad a la moda y al mercado, la proliferación de los objetos. Si la orgía consumista es otra de las manifestaciones del "viento frío", el hombre urbano de del Risco no puede estar ajeno a ella: perfumes, corbatas, trajes, automóviles, máquinas de afeitar, pantalones y marcas de productos proliferan en ese *"mundo de niebla, de letreros, / de ruidos eléctricos, de saxos sollozantes"* como símbolos de estatus social y también de alienación. El registro casi obsesivo de los signos epocales es el desideratum de una modernidad más imaginaria que real: Los Beattles, el cinematógrafo, los medios de comunicación y las tecnologías.., con *El viento frío* nuestra poesía se instala en la encrucijada de los cambios que se sucedían a finales de los sesenta en la sociedad dominicana, y que significaron una apertura al mundo y a las ideas en circulación en contraste con el oscurantismo impuesto durante décadas por la dictadura. Hasta los sesenta vivíamos, si no de espaldas a la modernidad, sí en un ensimismamiento con el que engañábamos la nostalgia de ser universales y contemporáneos, aislamiento que expresaba muy bien la poesía con sus textos de corte bíblico o metafísico.

De *El viento frío* me gustaba particularmente la visión opaca y hasta desengañada del amor, en la que la mujer es interlocutora del desencanto más que objeto del deseo, alguien con quien compartir las estaciones del calvario vital, el amor entre ellas. El amor no arde con gran llamarada. *El viento frío* es un cortafuego que al distanciar al sujeto de los otros le permite mantener una lucidez hija tanto de la razón como de una postura muy en boga por entonces, la de objetivismo, que pretendía subordinar a la realidad incluso los sentimientos.

Contrario a quienes la han visto como una obra prescindible en la literatura dominicana, creo que *El viento frío* quedará como el único poemario de la generación del 60 que trasciende sus referencias inmediatas para seguir hablándonos de nuestra condición de hombres y de mujeres huérfanos de utopías.

"Complicidades. Ensayos y comentarios sobre Literatura Dominicana, Editora Taller, Santo Domingo, 1998. pp. 87–92

RENÉ DEL RISCO
Guillermo Piña Contreras

Es pretensioso llamar a Rene del Risco el narrador de la pequeña burguesía sin antes observar –de manera global– los temas y la conducta de los personajes de los cuentos que integran su obra. Pero es de suma importancia, también, relacionar la dimensión que él alcanzó como escritor en el momento socio–político que le tocó vivir, durante los años posteriores a la muerte de Trujillo en 1961; pues este periodo es trascendente para la clase media dominicana, porque fue el punto catalizador para los niveles de desarrollo que este sector social ha alcanzado hoy día.

De modo pues que así como Juan Bosch hizo la casi totalidad de sus cuentos a base de temas rurales y presentó a nuestro hombre del campo como un ente coherente, pero amargo por el maltrato y la explotación a la que está sometido; Del Risco hizo lo mismo con el hombre medio urbano que actúa a partir de un momento político favorable a su condición social. Un pequeño burgués definido por aspiraciones sociales (sea capitaleño o provinciano) o por la esperanza de algún día ser alguien.. Así se presenta al hombre frustrado, partido por un pesimismo que lo aferra a una esperanza, a veces distante, a veces alcanzada.

En *La oportunidad* – de estructura lineal y en tercera persona del singular–Del Risco utiliza la escalera como símbolo de la actitud trepadora del hombre medio después del fracaso de la revolución de abril del 65. Nos presenta a un individuo vacilante, indeciso ante una manifestación política y la escalera que le llevará a un puesto en el sector privado. Recuerda su pasado reciente, sus años de revolucionario: *Poner los pies en la tierra* (p.143). Reflexionar, meditar, pues todo el relato transcurre en un tiempo brevísimo, entre las 9.45 y las diez, ni un minuto menos (p.143). El final de cuento es inexorable, el reloj la escalera, pero: *Había llegado el momento. Tenía la oportunidad* (p.144) llegar a la conclusión de que el autor tenía conciencia del hombre que introducía en su narrativa.

Pero no es solo la conducta social lo que hace a Rene del Risco el narrador de la pequeña burguesía, son los elementos de nuestro medio que le dan esa categoría. Además, las palabras y los giros idiomáticos de sus descripciones. Por ejemplo, en varias ocasiones hace uso de melaza, uno de los derivados de la caña, el principal cultivo de la región Este del país Estas palabras le sirven para ubicar al lector geográficamente. Del mismo modo que pone de manifiesto nuestra composición étnica: *sólo que nosotros no éramos rubios* (p.76).

Del Risco era un pequeño burgués. Un hombre de provincia. Un escritor que se confundía con sus temas y le imprimía, además, un matiz autobiográfico a su obra. Pero él sólo era una expresión del sector social al cual pertenecía. Nada más.

En el barrio no hay banderas es una totalidad coherente que refleja nuestra realidad, los momentos más importantes de nuestra historia reciente: la muerte de Trujillo, la guerrilla del 63, la guerra de abril del 65 y la situación socio–política de los últimos años. Es por eso que la muerte, el suicidio, la frustración, la inestabilidad emocional, las taras religiosas, la nostalgia, el sexo y los eróticos le sirven de temas para contar sobre un medio donde sus personajes tienen conciencia de su deterioro humano.

Rene del Risco fue un escritor de su tiempo. Utilizó todas las técnicas narrativas de hoy: las tres personas del singular (incluso la participación del narrador en la historia), los planos temporales y espaciales con relativa maestría, así como también las estructuras lineal y circular.

AHORA QUE VUELTO, TON

En este cuento la utilización de la segunda persona del singular le da un matiz de conversación al texto narrativo. Pero lo magistral del relato estriba en que la utilización del tiempo no le permite al lector descubrir que ese mundo está unido sólo por frases y acciones que señalan los años y las diferentes etapas por las que atraviesa el niño pequeño burgués en su desarrollo hacia la adultez: y paralela a esta historia vemos el anquilosamiento social de un limpiabotas. Ahora que vuelvo, Ton, es un engranaje, una estructura que no tiene ripios por donde pisar y romper los logros del género.

Uno de los méritos de este cuento es la técnica narrativa utilizada por Del Risco, lo temporal (el pretérito) y lo espacial que convergen en un momento como acción para construir el retroceso: *Eras realmente pintoresco, Ton, con aquella gorra de los Tigres del Licey, que ya no era azul sino berrenda, y el pantalón de Kaki que te ponías planchadito los sábados por la tarde para irte a juntar con nosotros en la glorieta del parque Salvador...* (p.72), además, se da a entender la condición social de Ton, por su descripción, y ubica la historia en una provincia –San Pedro de Macorís– con las palabras: la glorieta del parque Salvador.

Ahora bien, el tiempo transcurre de manera lógica, sin que ninguna de las escenas fundamentales (la partida del pueblo; la primera novia; la Universidad ; la muerte de sus padres; y el regreso a la provincia) aparezcan traídas de los cabellos, pues él enlaza por medio de frases todos los momentos importantes de vida, que aparentemente le narra a Ton. El regreso del narrador no se produce por azar, sino porque *Mañana es el día de Finados y yo he venido a estar algún momento junto a la tumba de mis padres..* (p.79). De modo que la historia se va formando en torno a Ton, un receptor pasivo de las vueltas que da la vida. La explicación del regreso es el punto clave para llegar a un final sorprendente, un momento que en la mente del lector no se vislumbra: *Por eso soy yo quien ha cambiado, Ton, creo que me iré esta noche y por eso no se si decirte ahora quién soy y contarte todo esto, o simplemente dejar que termines de lustrarme los zapatos y marcharme para siempre* (p.80). El elemento sorpresa es utilizado en esta última frase magistralmente.

Ahora que vuelvo Ton, es una lección. Un mundo en que el hombre de clase media que ha ascendido, se ve identificado, asqueado de si mismo, de su deshumanización.

> Artes y Letras, suplemento del *Listín Diario*, año V, sábado 1 de enero 1977.

LOS SONETOS DE RENÉ DEL RISCO BERMÚDEZ

Rafael García Bidó

El 15 de abril de 1973, en el Suplemento Cultural del periódico *El Nacional* apareció un artículo de Aquiles Julián Barrera titulado: "Rene del Risco Bermúdez: Apuntes para un estudio de su obra poética". Ese trabajo, que es una aproximación a la poesía de Del Risco, está dividido en las siguientes partes: introducción, notas biográficas, la poesía: temas fundamentales y epílogo. Precisamente en esa última parte el autor emite la siguiente opinión, que compartimos del todo:

"Creo, y así lo he manifestado en diferentes ocasiones, que René era un poeta en búsqueda, que carecía por esto de un estilo personal estabilizado, pues sus diferentes escritos nos muestran una personalidad en investigaciones y experimentos, del verso libre a los géneros tradicionales, en constante rebuscar de una expresión."

En el presente trabajo, menos ambicioso pero más exhaustivo, nos proponemos analizar cinco sonetos de Rene del Risco.

LOS SONETOS. Del Risco Bermúdez cultivo con frecuencia este género estrófico, y su obra demuestra una evolución, un progreso, desde unos primeros sonetos donde el lenguaje se ve sometido a verdaderos esfuerzos para encajar en las once sílabas y los catorce versos hasta los sonetos que comentaremos, aparecidos en la Gaceta Literaria de *Auditorium*, en agosto de 1972, día 19. En este trabajo los sonetos aparecen enumerados pues así facilitamos el análisis. El poeta no dio enumeración.

SONETO I: TU MANO. Este soneto está organizado de forma que los dos cuartetos nos describen las cualidades de ésa mano que ocupa la atención del poeta, mientras que los tercetos presentan una disyuntiva según la condición en que esa mano se encuentre. Los cuartetos presentan una estructura imaginativa que responde al siguiente esquema:

metáfora, metáfora

metáfora

descripción hiperbólica

metáfora, metáfora, metáfora

metáfora

metáfora

Es de destacar: la sorpresa expresada en el primer cuarteto, "ola imprevista" "repentina ternura"; el papel activo que comunican a los sustantivos mediante los que se designa la mano, los adjetivos terminados en la partícula "ante" la hermosa hipérbole que cierra el segundo cuarteto, la mano tiene tales cualidades que hace lucir imperfectas a las mariposas.

El noveno verso señala tres condiciones alternas cuyo cumplimiento conlleva el acaecer de una de tres catástrofes (hipérboles ascendentes) enunciadas en los dos versos siguientes: si cae, clausura claridades en la tierra, si se detiene, liquida la hermosura, si se cierra, quiebra el cielo, En ese primer terceto existe una inadecuación entre la intención del poeta (cantar o alabar una mano femenina) y algunos de los verbos usados, clausura, liquida, quiebra. Esta inadecuación logra transmitirnos ese sentimiento de resquebrajamiento del mundo que puede causar una bella mano, que también puede hacer del mundo "un espacio fascinante" cuando vuela, participando de su condición de "ala pretenciosa" o más claramente de 'pájaro' como lo enuncian los versos primero y quinto.

SONETO II: TU FRENTE. Este soneto presenta una dualidad u oposición en lo que el poeta nos describe. En los cuartetos se desarrolla una tensión especial por la presentación de una frente bella y del todo inasequible, mediante un asombroso sistema de correspondencias:

Frente núbil   intocable

–espera el labio   –que rozar no puede

limpia extensión que	– en órbita inviolable
esgrime adrede tu deseo	indescifrable
río de mármol, luz–	
sagrada zona–	que el amor no agrede tu sangre
	–quede pura y tibia
	–quede purísima tu frente
tu frente	–inquebrantable

Tensión que, ya en los tercetos, se rompe en "un tiempo exacto de dolor". Pero es un tiempo genérico, tiempo y dolor en nadie, que queda en el aire y se yergue casi tan lejano como esos "perdidos espacios transparentes e insalvables." En el segundo terceto el poeta, con lenguaje directo, señala lo que esa frente esta significando para él.

En relación al soneto anterior hay más acercamiento entre el objeto contemplado y el ente contemplador en este soneto, pero no acercamiento físico (el poeta acumula adjetivos que como inviolable, intocable, afirman la distancia) sino acercamiento en tanto que el poeta se está viendo afectado por la contemplación que lo tortura. Del plano de la mera contemplación que se da en el primer soneto, nos movemos a una posición donde el autor se está viendo involucrado en lo contemplado, como lo expresa el verbo "quede" que traduce un deseo del poeta.

SONETO III: TU PELO. La descripción continua a base de metáforas: "río de sombras" "cielo de oscuro sufrimiento" "alto ramaje de tormento" "bosque de besos y de llamas". Debemos notar que ya aquí aquel tiempo exacto del dolor que nos pareció vago, se hace presente y ligado estrechamente a los atributos físicos de la mujer, en este caso su cabellera (versos 3 y 7). Notemos la eficacia del adjetivo "oscuro" que, no sólo señala la cualidad visual del pelo, sino también lo abstruso e inexplicable del sufrimiento que genera su belleza.

En el primer terceto (verso 10) aparece una metáfora que contiene un elemento nuevo en lo que hasta ahora hemos visto: se trata del adjetivo "navegable" que expresando una posibilidad representa un profundo cambio con respecto al hermético distanciamiento objeto-sujeto del soneto anterior. La palabra terriblemente" participa de esa ambigüedad que antes señalamos en "oscuro": por un lado apunta a la cualidad de lo observado, por otro, a sus efectos en el contemplador.

El segundo terceto, casi en lenguaje directo, nos da la clave de estos sonetos. El poeta bruscamente, de mero contemplador, nos declara su participación en el amor de la mujer de quien nos ha cantado su mano, su frente, su pelo. La barrera de lo inasequible ha sido violada por el amor en un instante supremo y brevísimo que ya navega hacia el pasado, o sea hacia el olvido (verso 12). El amor es una fuerza dialéctica que necesita reafirmarse en cada momento. De ahí esa tortura, ese oscuro sufrimiento que la posesión momentánea de lo amado no aplaca. Como dijo Aleixandre: "todo conspira contra la perduración sin descanso de la llama imposible" y "el amante sabe que pasa,/ que el amor mismo pasa".

SONETOS IV Y V. De aquí, el poeta, con la prisa propia de la desesperación en un casi total asíndeton, busca identificarse en los dos últimos sonetos, con los objetos de la amada, con sus deseos, sus reacciones, sus incidentes y trivialidades. En estos dos sonetos existe una especie de relajamiento de toda la tensión acumulada en los anteriores, relajamiento conseguido mediante el uso de un lenguaje directo y coloquial. En cada uno de estos dos sonetos se usan únicamente dos rimas (si aproximamos –ero a –elo) rasgo estilístico que también puede ser indicativo de la prisa que señalamos.

EPILOGO. Es de notar la maestría, con que Del Risco manejo el endecasílabo. En setenta versos, sólo una vez tiene que forzar la sintaxis, y lo hace de forma que realza la belleza del verso (*quede pura tu sangre y tibia y quede*). Con excepción de cuatro versos, todos son endecasílabos propios o de acento en sexta sílaba, con evidentes aciertos fónicos como ese "terriblemente dulce y derramada" que verdaderamente sugiere la navegación en esa espesura navegable, o el verso "alta tu frente núbil e intocable" con dos acentos antes del obligado en sexta, que nos comunica el esfuerzo por ascender hasta esa frente que ni el amor agrede.

René del Risco y Bermúdez, poeta en busca de su expresión, decidió regresar al exigente y trillado camino del soneto, y lo hizo con un dominio técnico asombroso. De los resultados obtenidos juzgue el lector.

Desde los *ismos* de principio de siglo (apareciendo la gran eclosión con el surrealismo) se puede trazar una trayectoria continua de obras y artistas que han cultivado la sorpresa. Algunas pinturas cubistas de Picasso, todo lo que conocemos de Magritte, el teatro de Ionesco, mucha poesía de la post–guerra española (la obra de Ángel Crespo es un ejemplo) son muestras de esta tendencia en el arte. En nuestro país, y solamente dentro de la literatura, el relato "Ahora que vuelvo Ton" de Rene del Risco y los cuentos de Bruno Silié son muestras excelentes de lo que señalamos.

> Artes y Letras, suplemento del *Listín Diario*, año V, sábado 1 de enero 1977.

LA NOVELA DE RENÉ
Ángela Peña

Del Risco está en San Pedro de Macorís, pero la novela toca las vivencias de los dominicanos de toda la Patria porque las canciones de moda eran las mismas como eran los artistas, las revistas Carteles, los enamoramientos, las conquistas, las distracciones, las emisoras internacionales que se escuchaban con precaución en las madrugadas, las velloneras y los bailes, los merengues, los gallos y amancebamientos, el desconcierto de los más conscientes de la oprobiosa Era, como Porfirio Chávez, que no era el único inconforme de esta tierra. Había muchos como él dispersos en ciudades y campos, con iguales quejas, discursos y siniestros finales.

"De modo que, cuando se acaba la zafra, sobreviene una depresión que a Porfirio Chávez no le gusta. Por eso, aquella mañana, afilando la navaja en la correa ancha de cuero, deja escapar una expresión evidentemente malhumorada. Había poca gente en la barbería. Sólo tres hombres contando al que estaba en el sillón con la barba enjabonada. Porfirio se vira, afilando la navaja, bigote en brocha rubia y cinturón casi en el pecho, y le dice así, como lo roncara: –¡A este pueblo no lo salva nadie–!"

LA NOVELA

En 148 páginas que el lector devora atraído por el desenlace y la genial manera como el autor recrea lugares y situaciones reales con nombres ficticios, René del Risco Bermúdez logra producir una auténtica novela histórica sin recurrir a referencias ajenas, narrando los verídicos episodios vividos, comunes a sus compatriotas, archivados en su memoria asombrosa.

Por eso dice el editor, Miguel D. Mena, en la presentación: "Antes de que se pusiera de moda la reflexión sobre los dictadores latinoamericanos en los años 70 –García Márquez, Roa Bastos, Carpentier, son ejemplos–, aquí estaba nuestro autor, situando al trujillismo en el contexto de su ciudad natal y a partir de una óptica de la absurdidad kafkiana".

Agrega que "antes de que se reflexionara sobre el bolero y el tango dentro de las relaciones de poder, como acontecería en los 80 y 90 –mencionemos a Cabrera Infante, Mastretta, Montero, Vergés, entre otros, teniendo a Sarduy como uno de sus grandes predecesores–, ahí salía esa bohemia pueblerina, en la que víctimas y victimarios confluían bajo el mismo son".

"Antes de que el nouveau roman abriera líneas de composición, integrando planos sucesivos e implicándose en lecturas intertextuales con el cine, la música popular –desde la "literatura de la onda" mexicana hasta Puig, Veloz Maggiolo y Rodríguez Juliá–, en el texto de del Risco ya advertimos la asunción de lo cinematográfico y sus héroes dentro de los mitemas de la contemporaneidad", agrega.

Manifiesta que "casi dos decenios antes de que Luis Rafael Sánchez publicara "La importancia de llamarse Daniel Santos", el mito del Inquieto Anacobero ya estaba recorriendo los patios del San Pedro de Macorís de los 40", hecho consignado por René en este volumen.

Previo a la desaparición de Porfirio Chávez y a su reaparición por la carretera de Ramón Santana, colgando "con esa figura de trapo" de un árbol de javilla, en el mismo cruce del Ingenio Santa Fe, con "ese ojo negro, dos dientes partidos y un golpe muy serio en la cabeza" el intelectual recuerda el "Suave que me estás matando" que marca el Chino con el pie apoyado sobre el banco de cemento; el que "yo que sufro por tu ausencia este cruel tormento que me da tu amor", que lloraba el cantante "mientras el caballo está orinando y el cochero despierta de su sopor poniéndose el sombrero".

Pone militares a bailar "Qué te parece Cholito", después de haberse mandado un viaje de cervezas, arreglarse el riche y acomo-

darse la pistola; y rememora el "Borracho no vale, no señor", "Quítate el zapato que te lo quiero ver" o, para que sigan bailando, evoca a Chichí Mancebo cantando "baila Catalina con un solo pie, da la media vuelta y mira a ver quien es".
Todos los ritmos populares de entonces, boleros, danzón, guaracha, merengue de salón y de monte adentro, son, tocados, interpretados, tarareados en ambientes diversos por personajes de alta sociedad o de estratos inferiores de la Sultana.
"Caminamos como Rock Hudson y Jane Wyman, bajo la hilera de álamos. Yo creo que silbé, o por lo menos recordé algo de... "love is many splendorous thing", cuenta, sin dejar de describir el desencanto que respiraba pese al baile, el cine, los artistas, el canto: "pero ahora como que estamos tan desanimados, tan sintiendo cierta amargura, que yo intento volver al pasaje del río y ya no hay sol, sólo el caos del balandro volcado en la orilla, las aguas que se enturbian en la sombra, el muelle sin barcos, y me doy vuelta de pronto para decirle ¡vámonos! A Teté que ya estaba de pié, sólo con la rodilla sobre el banco. Ahí fue cuando me dieron ganas de decir a Rita que todo eso era mierda, pero me callé porque en verdad yo estoy completamente persuadido de que no sólo las cosas que dijo Rita, sino todo lo que se hace y se dice y se piensa y sucede y se celebra aquí es pura mierda".
Lo de Rita era el Oldsmobile 98, el pantalón torero, el cabello picado a lo boy, la high school en Canadá "y el baile de Miss 2 de julio con la orquesta Generalísimo, del capullo de una rosa sutil al nacer un claro día de abril".
Detalla los exilios, como el de "Sibito", que partió "en una goleta de tres palos para Venezuela" sin que "Ma Concha", su hermana, volviera a saber nunca más de él y confiesa que está ahí, "oyendo a Radio Rumbos, de Venezuela, con el volumen bajo, bien bajo, lo más bajo que se puede escuchar una radioemisora extranjera con el problema ese de la estática, el ¡biib–biib–biib! que tiende a oírse más aun que la voz de los locutores, y que la música marcial, y que el himno dominicano tocado por la Billo 's Caracas Boys, ese ¡trr–crash! que inquieta a mamá en la cama porque se cuela en las hendijas de la casa, por debajo de las puer-

tas, y que es muy peligroso porque a esta hora eso quiere decir que se está oyendo una emisora de fuera...". Alude a los temibles cepillos del Servicio de Inteligencia Militar (SIM).

Pero también "Piro" escuchaba los domingos una emisora de Colombia "que primero tenía un programa de preguntas y respuestas, a seguidas de un espacio con la música del Vallenato y finalmente, como a eso de las diez y quince, un programa de chistes y parodias musicales producido por un cómico llamado Tocayo Ceballos...".

Empero, la preferida del autor parece haber sido la venezolana, reiterada en su narración: "...Cerré la puerta. Sintonicé como todas las noches a esta hora a Radio Rumbos, de Venezuela, cuando todavía no se había terminado el juego de Magallanes y Caracas y me puse a pensar en este día. Un día que no es ni más ni menos que todos los días. Esta noche le puse atención al programa de exiliados (ya se despide del aire Radio Rumbos, que transmite "desde Caracas Venezuela: Patria del Libertador)... Apago el radio, me saco las medias y por poco, confundiendo radio y medias, iba a decir mierdas".

"¡ROMPAN FILA Y VIVA EL JEFE!"

El cumpleaños de Porfirio Chávez, ameno y tétrico, nostálgico y romántico, es un tramo extenso de la historia dominicana, de la Era de Trujillo, en que se mezclan las marcas de ron y cigarrillo, pedazos de canciones, actores y películas, comerciales y productos, "Para mí, Para mí, el jabón de todas las edades, con perfume de la juventud, ideal para climas tropicales"; Burt Lancaster en *De aquí a la Eternidad*, Gary Cooper cansado de spotlights y de maquillaje, Eva Garza, el Charro Gil, "la noche es tibia y tiene sabor de besos", "Las muchachas de la Plaza España", con "el jefe", dueño de El Caribe, las medallas y condecoraciones, "el noticiero de La Voz Dominicana, de informaciones del Partido Dominicano, de Decretos del Poder Ejecutivo, de año tanto de la Independencia, tanto de la Restauración y no tanto, sin embargo, de la Era de Trujillo"... y en la boca del pueblo, en serio o en broma, un "¡rompan fila y viva el jefe!".

Todas las revistas y novelas, los boxeadores, las marcas de los autos, la construcción del Puerto "¡cinco millones!... el Ingeniero Benítez Rexach, contratista de la obra", los actos de la Logia, Celia Cruz y el Sum–Sum–ba–ba–e, Cayé dando serenatas con aquello de "Joven aun, entre las verdes ramas/ de secas hojas construyó su nido/ El cazador la contempló dichosa/ y sin embargo, disparó su tiro". Y lo que fue el acontecimiento para San Pedro de Macorís, aun registrado en las memorias mayores: la estadía de Daniel Santos en aquel pueblo de tantos jolgorios que al mismo tiempo se encontraba atrapado, pero en disposición de combate contra el tirano.

"Leal cogió la cuchara del hielo y daba golpes de cencerro en el vaso mientras el teniente veía que la Rubia llevaba el ritmo con los hombros. "La Sonora es la Sonora, vale", sentenció el gordo, "¿y qué usted dice de Daniel? –preguntó Flores– ¡Ese sí que es un General! Lleva quince años en eso y sigue como un tiro". Y Quezada, con cara de veterano: "Dímelo a mí, muchacho, que lo estoy oyendo desde el 43 cuando cantaba con el Cuarteto Flores!" "preso estoy, estoy cumpliendo mi condena" –cantó Millo Leal– "¡Oye a éste!", dice Quezada– "eso es del otro día m´hijo; yo hablo de cuando Vengo a decirle Adiós a los Muchachos, Van Pa´la Guerra, En el Tíbiri Tábara, de esos tiempos cuando La Arena se llenaba de marinos y había treinta y seis cabarets, con mujeres buenas, gallinas todas. Me acuerdo yo que ahí, donde Juanita Yapur, que entonces era un encanto, el capitán de un barco inglés metió en una sola noche más de diez pesos en realitos de a diez a un solo disco de Daniel. A todo el mundo le gustaba. Y no era de estos artistas que hay ahora, que nadie puede hablarle, ni darle la mano y esas cosas. ¡Qué va! Daniel era un hombre como él decía, "de barra en barra y de trago en trago". Aquí mismo se pasó él una semana, con los pantalones arremangados y en camiseta, cantando en patios con la guitarra de Tonono. Todo el que quiso verlo, lo vio sin pagar un chele, y de cerquita. Y en La Habana fue lo mismo. Fue allá que le pusieron "El Inquieto Anacobero". Ha hecho de todo lo que ha querido en su vida, y sigue ahí, tan campante como Johny Walker. Daniel es un héroe de carne y hueso, no de postalita como hay muchos, que va, viejo".

El cumpleaños de Porfirio Chávez, que René del Risco escribió "en el último bienio de su vida", fue rescatada por Miguel D. Mena "a casi treinta años de su composición". Ya dejó de ser "el eslabón perdido de la literatura dominicana", aunque el editor sólo hizo una artesanal tirada de 50 ejemplares.

> *Hoy*, 26 de junio del 2000. Santo Domingo. Año III. No. 1048.

EL CUMPLEAÑOS DE PORFIRIO CHÁVEZ, PRIMERA NOVELA SOBRE EL GENERALÍSIMO
Nina Bruni

Mejor que recordar,
mejor que todo eso sería preguntarse
qué hemos hecho desde entonces.
René del Risco Bermúdez[3]

Escrita durante los dos últimos años de la vida de su autor (1970–72), *El cumpleaños de Porfirio Chávez* es una novela fundacional que revive las experiencias de los habitantes de San Pedro de Macorís de los '40 y '50, cuando las delaciones, las persecuciones y las muertes ordenadas por el trujillato se vivían al ritmo del tango y del bolero con un fondo de existencialismo agudo. Hoy, su editor Miguel D. Mena nos hace llegar un texto de vanguardia en torno a la narrativa sobre la Era porque el contenido y el estilo prefiguran aquellos que reelaborarán las novelas posteriores[4]. Es probable que los hechos y la composición de los personajes hayan sido tomados de la vida real para darles forma en la novela sin la distancia natural que el tiempo impone; por tal motivo, su escritura casi simultánea con los hechos de la Era ubica a *El cumpleaños de Porfirio Chávez* como su encarnación más cercana. Desde este punto de vista, la obra se erige como la primera novela moderna sobre el trujillismo entre aquellas que, en su conjunto, denominamos "la narrativa sobre la Era de Trujillo".

---

[3] *El cumpleaños de Porfirio Chávez*, p.144.
[4] Debo agradecer muy especialmente al editor de la obra, Dr. Miguel D. Mena, cuya desinteresada gentileza me permitió acceder a la novela ineludible de René del Risco Bermúdez, casi una década después del ajusticiamiento de Trujillo.

La riqueza estilística de *El cumpleaños de Porfirio Chávez* nos exhorta a reconstruir la historia con la cadencia de la música o de la verbalización de los pensamientos del narrador protagonista; aunque en su presentación confiesa "Yo no hablo nunca en primera persona" nos hablará de un día en particular "a pesar de que no hay ninguna razón para ello". Su verborragia nos aclimata en una atmósfera existencialista, filosofía medular de la obra que involucra automáticamente al lector, el "tú" de su discurso[5]. Además, el hecho de que piense en "este día" y que no le guste ni "pensar en primera persona" nos da la clave del punto de vista plural con que se organizará la historia narrada: "Esta noche [...] he hablado en primera persona, segunda y tercera persona singular, y plural."[6] Tanto es así que en la siguiente sección donde se relata la historia de Porfirio —necesaria a la trama para conocer el eslabón que enlaza el pasado de Porfirio y su familia con el gobernador— el narrador en tercera persona afirma que "Lo que sí podría contar cualquiera, es lo que hacía Chávez día por día. Una parte la contaría su mujer. Otra parte contarían sus vecinos, y el resto quedaría a cargo de sus pocos amigos de la barbería."[7] Y, a partir de allí, nos acota alternativamente (al estilo de guión televisivo) quien "podría" haber sido cada interlocutor; pero este narrador omnisciente aventaja a todos porque es el único que conoce la intimidad de Porfirio

Todo esto pudieron contarlo la mujer de Piro, los vecinos de Piro y los amigos de Piro. Cada cual su parte. Lo que ninguno sabe es que:

Sólo cuando terminaba la zafra dando paso al tiempo muerto, y en el pueblo apretaba en extremo la situación, Piro Chávez se ponía de un malhumor que no manifestó nunca, hasta el día en que, afilando la navaja en la correa gruesa, de cuero, comentó sin mayor intención, así, como si lo roncara, una noticia que daba la radio acerca de la próxima visita de Trujillo a Macorís

---

[5] Tomamos un ejemplo de los que abundan en la novela "figúrate tú, figúrense ustedes", p.19.
[6] René del Risco Bermúdez, op.cit., pp.22-3.
[7] Idem, p.35.

—¡A este pueblo no lo salva nadie!
Fue todo lo que dijo. Y volvió a lo suyo.
En la barbería solamente estaban presentes tres personas incluyendo al que permanecía en el sillón con la barba enjabonada.[8]

El uso mínimo de puntuación y los pensamientos intercalados entre paréntesis colaboran no sólo con la técnica del fluir de la conciencia de la primera persona mencionada sino que le permite al escritor sintetizar situaciones que reconstruyen la moda, la música, las costumbres, la subjetividad y los temas de una época que no se hubieran podido presentar con otra estructura narrativa

Esta mañana, cuando encontré a Teté (así empezó el día, porque para mí el día empieza realmente cuando salgo de aquí ya con mi ración de café con leche, de pan con mantequilla, de café negro, de cigarrillo "Hollywood", de primer plana de "El Caribe", de noticiario de la Voz Dominicana, de Informaciones del Partido Dominicano, de Decreto del Poder Ejecutivo de año tanto de la Independencia tanto de la Restauración y no tanto sin embargo de la Era de Trujillo) pues, poniendo en orden las ideas, cuando esta mañana encontré a Teté en la Fotografía Robles [...][9]

La alternancia con el narrador en tercera persona nos brinda relatos más relajados y líricos que presentan el ambiente del pueblo con sus personajes para continuar el hilo narrativo de la historia de Porfirio, envuelto en una atmósfera creciente de tormenta que presagia su destino inexorable. El "tú" increpante

---

[8] Idem, pp.37-8. La frase sobre la zafra abre esta sección donde también se repite la exclamación de Porfirio, ambas como estribillos agoreros de su muerte. Los clientes de la barbería nos hacen sospechar de una posible delación. El uso de un lenguaje de estilo televisivo es una coincidencia que comparten esta novela de René del Risco y *Uña y carne* de Marcio Veloz Maggiolo. Si bien todas las novelas sobre la Era estudiadas en este libro revaloran la fuerza del testimonio oral y de la verdad frente al poder, en los casos señalados un narrador omnisciente reafirma y transmite la presencia crítica de la opinión pública, con especial énfasis en la obra de Veloz Maggiolo.

[9] Idem, p.14.

también se desliza para involucrar al lector en el fluir de la conciencia de la primera persona y para cerrar la novela con preguntas retóricas que todos debemos responder. La conmovedora historia de la prostituta Celina, quien intenta en reiteradas oportunidades contar su vida en la colonia del ingenio, compromete con un "oye, manito" al lector de la novela; el protagonista en primera persona descarga su amargura interrogando obsesivamente en el fluir de sus recuerdos a los personajes de su vida, cuestionamientos carentes aún de respuestas. La sensación de que nadie hizo nada lo agobia al unísono del repiqueteo de las reiteraciones que abaten al lector

Hoy he vuelto a esta playa. Miro las aguas con una mirada lejana, siento la inutilidad de las olas; no me importará cuando la sombra corra suavemente borrando los yerbajos calcinados, la punta de las hojas, el borde de la costa, la piedra solitaria del faro. [...] No busco aquí ningún rastro, ninguna huella del pasado. Mejor recordar, mejor que todo eso sería preguntarse qué hemos hecho desde entonces. ¿Verdad que sí Natalia Reyes, madre y esposa hastiada, reventada [...] usted tan buena, tan esposa de mi padre [...] tan salida de la iglesia [...] tan austera, tan inexpresiva, [...] tan casada, [...] tan hacendosa [...] tan entregada a su casa, tan embarazada [...] tan lavadora y tan planchadora, tan resignada a sus tareas, tan lavando el arroz, [...] tan satisfecha usted oyéndome leer el discurso de graduación de sexto grado, tan encanecida, tan cansada, tan aburrida ya, ¿verdad que sí?

¿Qué hemos hecho? Nada, profesor Ramírez [...] ¿Verdad que sí, Teté? [...] Sigue cayendo la maldición del tiempo sobre este pueblo opaco y sordo. Y nada hacemos, nada se hace, ¿verdad que sí, Teté?[10]

Entre los recursos precursores que conforman el estilo de *El cumpleaños de Porfirio Chávez*, se destacan, además, la intertextualidad y el imaginario del mar. En el primer caso, se recurre a la música y la radio como leitmotiv que dirige la vida de todos

---

[10] Idem, pp.143-47.

los personajes, a la prensa y la moda para completar la visión de la época, a la misma literatura que refuerza la filosofía existencialista de la narración y al cine, todas referencias que permiten una reescritura simbólica como elemento crucial de la estructura narrativa y que no sólo critica a la Era sino que abre un hilo temporal hacia el presente[11]. Es decir, estas interpolaciones se alternan con la historia de Porfirio y eufemísticamente relatan sin crueldad expresa los sucesos más atroces del trujillato. Ya avanzado el capítulo II, las primeras referencias a los actores de cine de la época y sus estilos se abandonan por una secuencia, que sigue a la presentación inicial del grupo de amigos y de las muchachas que reaparecerán posteriormente[12]. El narrador en primera persona testigo inicia su reflexión con una pregunta: "¿Tiró o no tiró? Yo mismo no sé decirlo" y describe ampliamente un asesinato sin poder resolver su duda. Al promediar el relato descubrimos que se trata de "Veracruz", una película de vaqueros de Gary Cooper y Burt Lancaster que el grupo de amigos fue a ver y terminan discutiendo en el parque "eso de si tiró o no tiró"; pero lo que parecía realidad no lo es, hecho que lleva al protagonista a una discusión existencial que se relaciona con la vivencia cotidiana

Eso no nos importa. Vamos al cine sólo para matar este maldito tiempo, pero nada de lo que allí ocurra es cosa nuestra; lo nuestro son estos árboles inmortales y oscuros, estos bancos fríos, estas cuatro calles que cruzan la soledad de la noche, este largo silencio en el que quedan suspendidas todas las conversaciones, todos los temores, toda la rabia de la gente. Lo nuestro está encerrado en los límites de este pueblo. [...] Lo nuestro son [...] las cosas que nos pasan aquí, entre nosotros mismos, porque todos juntos, por igual, hacemos la realidad de este pueblo. Lo que suceda a Gary Cooper no tiene nada que ver conmigo; pero en

---

[11] En los capítulos siguientes se comprobará que los recursos mencionados en esta novela se reiteran en las obras de Efraím Castillo y de Marcio Veloz Maggiolo quien, sobre todo, reelabora el tema del bolero, el cine y la radio, la prensa y la moda en *Uña y carne*.
[12] René del Risco Bermúdez, op.cit., pp.55-61.

cambio, lo que suceda a cualquiera de ustedes, [...] lo que sucede a uno de nosotros en este pueblo, le sucede al pueblo entero, sucede en este pueblo y por tanto es cosa que nos toca en algún lugar a todos.[13]

Este relato cinematográfico precede a la secuencia que se inicia con el mal augurio para Porfirio: 'Si es buena, tráela; si es mala, llévatela', dijo Porfirio para sus adentros mirando al catarrón que entró zumbando en la barbería"[14]. Luego del relato de su apresamiento y de contar la prehistoria de Cipriano Valdez, gobernador de la provincia, entendemos por qué lo detiene por una "cuestión de rutina. Un chisme de esos que hay que averiguar y nada más."[15] Finalizadas estas páginas, este orden del relato cobra absoluto sentido con su recuerdo de niñez del degollamiento de un tal Bulito Rosado en la gallera del pueblo y del asesinato de Simón Contreras, también muerto a puñaladas. La asimilación entre el duelo, la venganza y "aquel hombre cuyas manos aferradas a la madera de la gradería, quedaron espantosamente blancas" anuncia el destino de "Firín" quien "desde que empezó a caer la tarde, se agarró a los barrotes de la venta[na] por la que se alcanzaba a divisar la carretera. La sombra fue cayendo a pedazos, sin ruido[...]" Luego se relata el asesinato de Porfirio con la trágica (quizás irónica) incertidumbre de la ausencia de testigos[16]

Tal vez, si el miedo no le nubló la mente, podría él señalar el momento cuando, empapado en sangre y sudor, la boca seca, cerraba los ojos hinchados, se clavaron las uñas en la cal gruesa del muro, arañando la mampostería y rodó pesadamente hasta el suelo el cuerpo inerte y vencido.

Quizás no sea exagerado decir que el único que podría contar todo esto es el propio Porfirio Chávez; pero sucede que los muertos no hablan. El bayonetazo fue por la espalda seguramente.

---

[13] Idem, p.59.
[14] Idem, p.62.
[15] Idem, pp.71-80.
[16] Idem, pp.81-87. La cita pertenece a la p.86.

Pero la intertextualidad con el relato oral de historias populares también adquiere sentido en la biografía fragmentada de Celina, quien refiere los cuentos que una vieja haitiana le enseñó durante su vida en la colonia[17]. Con el primer relato de una niña, a quien el dueño americano del ingenio entierra viva por robar un mango, se describe la vida despiadada de quienes, como Celina, viven en la colonia. El segundo, intertexto con "Caperucita Roja", completa el panorama al contar la historia de otra niña que, luego de haber sido violada por un mayordomo del lugar, desaparece aunque "una vez dijeron que la habían visto en un café en el pueblo". Posiblemente sea también la historia de la propia Celina: "lo que me pasó a mí, le ha pasado a muchas, le está pasando a muchas, le seguirá pasando a muchas."

El ambiente de San Pedro de Macorís, un pueblo donde "gravita entonces el peso de una somnolencia puntual, grave, ronca, aplastante"[18], conforma un imaginario que se reactivará en la mayoría de las novelas sobre la Era y, muy especialmente, en las analizadas en este estudio. Los contrastes entre el lirismo de las descripciones casi románticas de la tormenta omnipresente que sostiene el clima de la obra, y las sensaciones nauseabundas acompañadas con tonos oscuros se convierten en una de las estrategias favoritas del escritor como una grieta por donde se vislumbran las miserias humanas y el dolor, enmascarado por el peso existencialista que acarrean los narradores. La selección que sigue constituye el final y el principio de dos secuencias

Soplaba una brisa suave que rozaba la luz de la tarde y la arrastraba poco a poco. Mirando hacia arriba, Millo Leal vio extraños dibujos de cielo casi opaco entre las ramas de limoncillo; [...]

Llegaron los dos al café de Mélida Pérez cuando todavía las mujeres no salían, sino que se arreglaban en sus habitaciones a ambos lados del estrecho pasillo que conduce a la terraza. Olía a jabón de baño y a orina, todo mezclado con un ilocalizable olor

---

[17] Idem, pp.133-38. Cabe destacar que en todas las novelas presentadas en la investigación siempre los escritores eligen un recurso determinado o un motivo temático para insertar la presencia haitiana en el texto.
[18] Idem, p.24.

de frituras y tierra húmeda. [...] la Rubia descubrió una luna grande, una torta de cazabe lumínico, justamente sobre la sombra de los potreros infinitos en los que se pierden la música, los gritos y la risa del barrio, arrastrado todo por un viento de arena gris nocturna, hacia la soledad del mar.[19]

Podemos citar otro ejemplo, en cuanto a la relación pueblo – habitantes

En Macorís el sol, al atardecer, se hace una gelatina anaranjada que chorrea las nubes y pinta el cielo sobre el río de indefinidos colores sucesivos. Primero es naranja, pero luego nadie podría decir si es ladrillo, violeta, lila, o fuego nada más. Lo cierto es que anochece pronto. Se eleva aún más el firmamento poblándose de remotísimas estrellas y regresa el terral con olores de caña quemada, de podridos manglares, de tablas viejas, de calles polvorientas. Así concluían todos los días de Porfirio Chávez: perdiéndose en el silencio de la noche.[20]

El recorrido de los protagonistas por el pueblo o la ciudad nos descubren a su paso (como un viandante sociológico) sitios que impactan rotundamente en sus vidas y, por supuesto, con un simbolismo meridiano sobre la Era. En este sentido, la mención del río o del mar es una constante en la novela de René del Risco Bermúdez con interesantes coincidencias en *El Personero* de Efraím Castillo y *Mudanza de los sentidos* de Ángela Hernández. Apenas iniciado el extenso capítulo II de *El cumpleaños de Porfirio Chávez*, el sonido de un remolcador en el río es el ruido de fondo donde se respalda una reflexión de la primera persona protagonista sobre una foto de Jean Paul Sartre en *El muro*, para la cual se pone los mismos "espejuelos redondos" característicos del filósofo[21]. Ese mismo muro penetrado por la equivalente mirada del cristal existencialista, dispara otra cavilación aguda del caminante en su andar por la calle Duarte hasta llegar al muro de concreto que engaña a los forasteros que pasean en

---

[19] René del Risco Bermúdez, op.cit., pp.47-8.
[20] Idem, op.cit., p.34.
[21] Idem, pp.12-6. Cfr. Jean Paul Sartre, "El Muro" en *El muro*, Buenos Aires, Losada, 5ª ed., octubre 2002, pp.19-39.

carro por la avenida mirando las aguas visiblemente plateadas del río, y digo que engaña porque hasta que uno no llega justamente al pie de este muro no repara en que está realmente separado de las aguas por una faja de tierra pedregosa y blanca que cubre unos setenta y cinco metros y sólo entonces, con un lodo negro y maloliente, empieza el río. Esta, claro, es una nueva versión del río Higüamo en su desembocadura frente a la ciudad; porque antes, en la época en que construyeron el muro, las aguas venían a lamer la piedras (el cemento para ser menos metafórico) de este alto brocal desde el cual uno podía ver perfectamente las bandadas, el tropel, las manadas y los cardúmenes multicolores, porque dependiendo del poder de fantasía de cada niño entonces, los peces eran pájaros, caballitos submarinos, mariposicas de cristal y sólo en última instancia: peces.[22]

Este muro, un tiempo idílico que el trujillato destrozó, es un símbolo clave que el autor desarrolla en el dragado del puerto a cargo del Ingeniero Benítez Rexach como el recuerdo de "la solemne pestilencia en que nos regodeamos por espacio de algunos ocho meses"[23]. El falaz progreso del que se jactaba la Era merece también en *El Personero* un pasaje lírico y tremendo sobre "el dragueo de Benítez Rexach", personificado en "La Draga: tan dura y fría la draga, vomitando arena y sedimentos sobre *la playita* y dejando al descubierto [...] arena, lodo, restos de la apoteosis y caída de los años en el saco del tiempo: días enteros, noches enteras con el ruido de la draga frente al *Malecón*, mientras los *desafíos* de los juegos de pelota se detienen porque ya no es tiempo para jugar a la pelota"[24]. Las pestilencias de una época que esta draga desata son las mismas que el perso-

---

[22] Idem, p.15.
[23] Ingeniero puertorriqueño que en la década de los '50 inició obras de reconstrucción del puerto a lo largo del Malecón en Ciudad Trujillo, nombre de la capital dominicana de aquel entonces.
[24] Efraím Castillo, op.cit., p.415. El tema de la draga asociada a la idea de progreso de la Era de Trujillo se menciona en el capítulo IV de esta investigación.

naje creado por del Risco (¿será él mismo?) percibe, para quien el mar constituye otro espacio de reflexión filosófica

Y anoche, en fin, ¿qué sucedió? [...] Habíamos estado tomando en la enramada cerca del mar. Estábamos solos; soplaba un viento frío y no había allí más gente que nosotros. Salvador dijo que muy pocas personas habían leído "El Ser y la Nada", en otra oportunidad alguien habló del "Diario de un seductor", creo que fui yo mismo. El mar, en realidad, estaba bastante descompuesto a mis espaldas y a veces llegaba una llovizna finísima (polvorienta, decía George) mucho tiempo después de que las olas se estrellaban contra las rocas. Salvador marcó más de cinco veces "The Sand and the Sea" con Nat King Cole. Empezamos a tomar porque hacía frío; estuvo lloviendo todo el día y la noche se presentó francamente poco acogedora. Casi nadie salió a la calle y nosotros, luego de dar tres vueltas al pueblo y aburrirnos más de lo acostumbrado, decidimos seguir charlando allí, cerca del mar, con unos tragos. Por eso tomábamos y hablábamos. Entró el tema del Psico–Análisis; [...] [25]

Aunque el río constituye un espacio de escape y reflexión para los personajes quienes como Ulises Fortuna ya no se sienten bien en el pueblo[26], prefiere que "el rumor del mar" lo trague por completo. En el discurrir de su conciencia sobre el mar de su niñez, recuerda un juego prohibido dadas las circunstancias del régimen donde, sin duda, el mar se asocia con Trujillo; un juego que el personaje de esta novela y que la niña protagonista de *Mudanza de los sentidos* de Ángela Hernández solían gozar traviesa Leona pero no ingenuamente

"María la O, tu madre es puta, la mía no..." Se suponía que el mar debía encresparse, rugir y volcarse como un monstruo de cabeza revuelta sobre la playa. Y yo me reía a carcajadas, me mordía los labios de satisfacción, de pícara maldad, repitiéndolo incansa-

---

[25] René del Risco Bermúdez, op.cit., pp.90-1.
[26] Ídem, pp.119-20. Ulises es el dueño del bar que frecuentaba el desaparecido Porfirio. Él teme por su vida, duda si su amigo estaba involucrado con el régimen y se siente perseguido, hasta con culpa.

blemente: *"tu madre es puta, la mía no"* y llegándole cerca, bien cerca, casi hasta el mismo filo de las aguas.[27]

Resulta interesante destacar el estilo de crónica que René del Risco Bermúdez utiliza para cerrar la novela luego de la muerte de Porfirio; así, su asesinato instaura un eje temporal y se presenta sucintamente a los personajes de la historia como espectros o como sobrevivientes de aquel pasado con el cual estuvieron vinculados

El gordo Quezada:

A partir de la muerte de Porfirio, El Gordo, la Rogers, Chino y Millo, estrechan aún más su unión dándole ya un sentido secretamente rebelde. El Gordo es dueño de una tesis que declara a todo el mundo muerto en el pueblo. Como contrapartida se bautiza el grupo con el nombre de "Los Vivos". Adoptan una actitud de sazonada rebeldía. Sus más insignificantes medios tienen para ellos una significación de protesta. Su postura es la no participación en la vida del pueblo que para ellos es una ceremonia mortuoria.[28]

Aún más interesante es la asociación de la libertad con la música al compás de la historia, recurso que, en mayor o menor medida, los escritores contemporáneos sobre el trujillismo retomarán y con el cual René del Risco Bermúdez cierra metafóricamente su novela[29]

---

[27] Ídem, pp.15-6. La misma idea se retoma en la p.148: "'Un cordón militar'. '¡Rompamos el cordón!' Para adentro muchachas. 'A los que cogen armando jaleo los tiran a Güibia.' El mar azuzado por Virgilio. [...] Él en persona nos había enseñado los dientes metálicos de los tiburones. Decía que abundaban en Güibia. Yo en sus piernas, mirando páginas cercanas al libro de Marco Polo. 'A los liosos los echan al tiburón que se alimenta de bocones.'"

[28] Idem, p.151.

[29] Sólo mencionamos algunos ejemplos: Marcio Veloz Maggiolo, *Ritos de Cabaret*, Santo Domingo, República Dominicana, Editora Cole, 1ª ed., 1991, o *Uña y carne. Memorias de la virilidad*, op.cit.; Pedró Vergés, *Sólo cenizas hallarás (bolero)*, Ediciones Destino, 1981. Como ejemplos de textos críticos citamos a Fernando Valerio-Holguín,

El grupo toma como estandarte la música de Carlos Ramos porque según ellos es la libertad. Y cuando ya en el pueblo no haya que vivir con temores y en el mundo justo de despertar a todo el mundo, será Carlos Ramos con su trombón que lo hará. Una noche le dieron una serenata a Porfirio con el trombón. Carlos Ramos muere del corazón, dejando el instrumento en una casa de empeño.

Las esperanzas del grupo van a morir porque ya Carlos Ramos con su música no estará para recordarles su libertad. Unos cuantos de ellos comienzan a gestar la idea de irse del país. El gordo insiste en rescatar el trombón. Lo saca de la casa de empeño y fracasa como ejecutante. Los otros se van y los matan en el mar. El gordo insiste en aprender a tocar. El día que logró sacar unos cuantos compases se enteró de que se produjo una invasión por el norte. Durante 22 días consecutivos estuvo tocando el mismo papel, hasta que la radio oficial dio la noticia de que habían eliminado los focos guerrilleros. En ese momento El Gordo dejó a un lado el instrumento: "¡Coño, Rafaela, esta vaina no es con música!"[30]

Y con este final, René del Rico Bermúdez acierta en uno de los temas recurrentes, el de la guerrilla y la invasión norteamericana, que él sugiere, que Efraím Castillo y Ángela Hernández mencionan, y que Marcio Veloz Maggiolo casi lo convierte en una utopía romántica y dolorosa[31]. La reticencia al recuerdo de una época tan desgarradora que menciona a Trujillo veladamente[32],

---

op.cit. y Elisa Lister, "Resemantización de lo histórico en la narrativa caribeña contemporánea", *Hoy*, Santo Domingo, República Dominicana, Año IV, n° 1876, 20 octubre 2002.

[30] René del Risco Bermúdez, op.cit., pp.151-3.

[31] Idem, op.cit., pp.140; 142 donde a partir de la observación de una fotografía Celina, la muchacha del ingenio, recuerda con añoranza los tiempos de la guerrilla.

[32] En la obra se encuentran pocas referencias directas donde se nombre al tirano. Más bien se sugiere a través de la descripción de sus acólitos, detalles que surgen del relato oral o de la misma tormenta que envuelve la historia de Porfirio.

el espacio agobiante que destruye a los habitantes del pueblo, la música y la radio como señales de una época que nos relata lo oculto, el exilio y la imposibilidad de rebelarse, conforman una constelación temática que cada novela centrada en la Era —desde los '90 hasta el presente— recrea sistemáticamente sobre la base de los recursos que ya René del Risco Bermúdez había perfilado en una obra donde volvemos a definir histórica porque todas las voces esconden el testimonio de la subjetividad doliente de quien se atrevió a expresar por escrito lo imposible de vociferar.

> Nina Bruni: *Letras de la Era. Imagen de Trujillo en la narrativa dominicana contemporánea.* Ediciones Cielonaranja, Santo Domingo, 2005.

UN NO QUE NO IBA Y ALGO MÁS SOBRE *LOS ÁNGELES DE HUESO* Y *EL VIENTO FRÍO*
Darío Suro

En mi entrevista publicada en la edición de AHORA No. 209, del 13 de noviembre, se cometieron algunos errores propios de entrevistas a quema ropa, es decir, de última hora, y en las cuales casi siempre, por la prisa, entrevistado y entrevistador quedan fuera de control. Dije muy claramente: "Nuestros poetas jóvenes, cuentistas, novelistas y escritores de teatro (no escultores de teatro como apareció) están dando en el clavo. No me importa la tendencia que sea pero con sus tendencias están dando en el clavo".

Después de lo anterior señaló el entrevistador "Recalca Suro que para él no tiene importancia la orientación ideológica de los nuevos escritores". Cierto, Pero a continuación de esta oración apareció un NO que no iba: "No me interesa —afirma— que con su posición ideológica o con su posición política hayan hecho poesía". En su sentido original la oración no era negativa sino positiva. Todavía no me explicó de donde salió el NO. Lo que dije fue: "ME INTERESA QUE CON SU POSICIÓN IDEOLÓGICA O CON SU POSICIÓN POLÍTICA HAYAN HECHO POESÍA. A lo cual yo agregaría (después de la entrevista) no sólo poesía, sino novela, teatro, cuento. El caso es que el NO se comió la fuerza afirmativa del ME. Y hay una gran diferencia entre un ME y un ME con un NO delante. Para un lector cuidadoso el error del NO quedó subsanado cuando dije: "Cada artista es libre de escoger su fuente de nutrición", citando a continuación los versos de Rene del Risco y Bermúdez:
Éramos la mano y el anillo en medio de la pólvora Pero para un lector de mente torcida el NO podría significar muchas cosas

ajenas a lo que declaré en una oración que no era negativa sino simplemente positiva y afirmativa.

En esa misma entrevista hablé con entusiasmo de Veloz Magglolo y Rene del Risco y Bermúdez. Y el NO erróneo me ha traído algunas ideas maduradas después de leer *Los Ángeles de Hueso*, novela del primero y El Viento Frío, libro de poesías del segundo. En la novela de Veloz Maggiolo es muy visible (al menos para mí) lo que he definido e introducido al mismo tiempo como "ingredientes ambientales" o "fuente de nutrición". Esta novela es un ejemplo, también, de lo que subrayé tanto en mi entrevista de AHORA! como en la que sostuve con Héctor Herrera en el suplemento dominical del Listín Diario, relacionada con la misma cosa.

TODO ARTISTA ES LIBRE DE ESCOGER SU FUENTE DE NUTRICIÓN dije en ¡AHORA! y lo sigo diciendo, creyendo y sosteniendo. No me interesa si el artista (sea poeta, cuentista, novelista, pintor, escultor, compositor) es comunista, capitalista, de ultra-derecha, de derecha, de ultra-izquierda, de izquierda, del centro, etc. A mi juicio esas son posturas que cada cual las sostiene o las lleva como pueda o como le venga en ganas. Lo que me interesa es que con cualquiera de esas posturas ideológicas o políticas (como fuente de nutrición) el artista, si es artista auténtico, produzca poesía, novela, cuento, pintura, escultura, composición musical y que no fabrique con ellas panfletos literarios, pictóricos, musicales. El hecho de que un artista sea comunista o capitalista, por ejemplo, no quiere decir que sea un gran artista. Puede ser comunista o capitalista y ser un artista verdaderamente mediocre, como puede, también, ser un genio.

El caso de José Clemente Orozco en México (con todo su mensaje pictórico —social, y no mensaje-social-pictórico, que son dos cosas diferentes) es un ejemplo magnífico que muestra el arte como auténtico mensaje-pictórico-social, porque primeramente Orozco es pintor y creador y después socialista. (Lo mismo aconteció en la obra de Daumier (pintor francés) casi un siglo antes del tan llamado mensaje-social de la pintura muralista mexicana, y mucho antes, también, del "realismo-social" de la pintura rusa, tan diferente al arte que se está haciendo en otros países comunistas satélites, donde predomina un eclecticismo que le di cabida a todas las tendencias artísticas sin llegar a cohibir la libre expresión —sea la que fuere— de las jóvenes generaciones). Es el mismo caso (el de Orozco) de Neruda en poesía o el de Shostakovich en música, Y sin salirnos de nuestro medio, de cuerpo presente, tenemos los poemas de Pedro Mir (poesía —socialista y no socialismo-poético) y ahora *Los Ángeles de Hueso* de Veloz Maggiolo y *El Viento Frío* de René del Risco y Bermúdez, y otros libros del grupo El Puño, publicados recientemente, que no han llegado a mis manos,

Pero también tenemos del otro lado, en nuestro medio,

los poemas de Moreno Jimenes (*La Hija Reintegrada*, por ejemplo), *Yelidá* de Tomás Hernández Franco, las mejores poesías de Franklin Mieses Burgos, de Héctor Inchaustegui Cabral, Aída Cartagena Portalatín, Fernández Spencer, Pedro René Contín Aybar (*Biel el Marino*), y los poemas de Freddy Gatón Arce y Manuel del Cabral, quienes han abarcado en distintos períodos, tanto el aspecto lírico como el social, sin dejar en ningún momento de crear poesía, es decir, de producir arte (y el único caso de un arte anti-artístico sensiblemente hecho en la República Dominicana o de poesía-anti-poética lo veo muy claramente en algunos magníficos poemas de Ferrúa).

El reciente Premio Nobel de literatura fue otorgado a una depurada y nítida figura literaria latinoamericana, a Miguel Ángel Asturias, para mí uno de los grandes novelistas latinoamericanos de la hora presente. Me enteré por algunos diarios norteamericanos que se había barajado, para otorgar ese mismo premio, el nombre de otra gran figura de las letras latinoamericanas: Jorge Luis Borges. Según un artículo que apareció recientemente en el suplemento literario dominical de *The New York Times*, la obra de Miguel Ángel Asturias era más apropiada para el Premio Nobel (por tener más envoltura social, señaló el articulista) que la obra de Borges, quien, a pesar de este premio de Asturias, está reconocido en muchos países europeos como más artista que Asturias. Pero aún así, a pesar de este reconocimiento, no soy de opinión que Borges sea más grande, en el mundo de las letras, que Asturias, ni creo que éste sea más grande que aquel Son, a mi juicio, estaturas diferentes que actúan en mundos distintos. Cada cual lleva su propio drama: Borges, el drama de la obra de arte como creación y Asturias, el drama-político, también como creación.

Por eso, viéndonos en ese espejo de reflejos diferentes) no me parece que el *Contra Canto a Walt Witman* de Pedro Mir supere el poema *Yelidá* de Hernández Franco, y no considero que este poema tampoco supere los grandes cantos del gran poeta petromacorisano. No podemos olvidar que el verdadero arte no admite casillas. No hay un sólo camino, hay muchos. Enfocando también la pintura, cabría preguntarse: ¿Podría existir más diferencia o más libertad expresiva que la que hay entre un cuadro de Mondrian y otro de Picasso o entre la fuerza-pictórica-social -humana de una obra de Orozco y la indigestión social-tecnológica de un mural de Siqueiros? Y si nos rodamos a nuestro medio palparíamos la diferencia abismal que hay entre un Colson neoclásico freudiano (época de Barcelona) y la magia inquietante de un Hernández Ortega, o la diferencia que hay entre la fuerza poderosa del espacio abierto de Martínez Richiez y el espacio hermético de Domingo Liz (espacio hacia dentro, espacio de concha), o la diferencia que hay entre Norberto Santana (cubismo-neoclásico-social) y Ramírez Conde (pintura-social agresiva), siendo los dos del mismo grupo, o entre estos dos y el misterio sicológico profundo de Ada Balcácer, y entre la obra de esta pintora y la intensidad lírica del mundo místico de Peña Defilló; y que podríamos decir si comparamos la ironía expresionista de la fuerza gráfica de Oviedo y Thimo Pimentel (desde distintos ángulos) y el dinamismo dramático, a veces delirante, de Lepe con el mundo saludable abstracto de los cálidos colores de los mejores cuadros de Guillo Pérez o el cotidiano silencio de las botellas de Aquiles Azar; y el impacto sicológico hiriente de una tela de Gontier, comparado también con el dramatismo de las maternidades desgreñadas de Bidó y el drama profundo de las mujeres de Elsa Núñez, Y cuantas cosas más podríamos decir de la fuerza pujante del expresionismo primitivo de Eligio Pichardo comparado con la caligrafía dramática del expresionismo geométrico de Giudicelli, y de los momentos dramáticos profundos de los mejores paisajes de Noemí Mella comparados con la maestría técnica de Marianela Jiménez y el lirismo tropical de Clara Ledesma; y mucho más podríamos decir de la diferencia abismal entre las soberbias esculturas de hierro de Toribio y el auténtico mensaje de la forma en las esculturas de piedra de Prats Ventós, y por último, la diferencia entre éstos dos y ese mundo primitivo de madera, religioso e ingenuo, de Gaspar Mario Cruz.

Volviendo otra vez a *Los Ángeles de Hueso*, Veloz Maggiolo se mueve en este libro con una nitidez intelectual y literaria de primer rango, con un sentido de creación y de agilidad imaginativa muy poco común en nuestras letras (pasado y presente). Cuando leí esta obra me olvidé de su fuente de nutrición (los problemas políticos y sociales de donde él se nutre, los cuales, desde su punto de vista, los considero justísimos, honestísimos, Importantes y verdaderos) y se me impuso, debo confesarlo, la rica imaginación y la sátira humana de Veloz Maggiolo, logradas con los bomberos, Fariña, los tiburones, los muertos, y sobre todo, su fino y justo sentido de la condición humana, en toda una trama de situaciones sociales puestas al servicio de la creación y de un buen gusto literario de primer orden, ensamblada (la trama de situaciones) universalmente a través de todos sus ingredientes políticos nacionalistas. A medida que leía esta novela un nombre alemán me venía a la mente: Gunter Grass, de quien escribí en El Caribe, hace más de seis años, cuando yo vivía en New York, y de quien se publicó en esa ciudad, por primera vez en inglés, su novela *El Tambor de Hojalata*. *Los Ángeles de Hueso* de Veloz Maggiolo —inconsciente o conscientemente— tienen una ligera afinidad con este libro, que creo está traducido desde hace varios años al español, no sé si por una casa editora de Ciudad de México o Buenos Aires. Y quiero dejar claramente sentado que se trata de AFINIDAD y no de influencia. Dentro de esta afinidad hubo confesar, a juicio abierto, que Veloz Maggiolo es más poeta que Grass, Eso no lo pongo en duda. Pero Grass es más novelista que Veloz Maggiolo. Esto tampoco lo pongo en duda.

El caso es que esta novela de Veloz Maggiolo me ha sorprendido. Ya yo había leído su *Creonte*, libro de teatro finísimo, pero su finura, a mi juicio, no llegaba a definir plenamente la personalidad de Veloz Maggiolo. Ahora, con sus *Ángeles de Hueso*, Veloz Maggiolo se define por sí mismo, y pone de relieve poéticamente su sentido imaginativo y creativo, algunas veces repleto de una ironía trascendental, y muestra cómo ha asimilado propiamente los ingredientes ambientales nacionalistas y universales al mismo tiempo. Sin duda alguna, Veloz Maggiolo tuvo en *Los Ángeles de Hueso* mejor fuente de nutrición que la que tuvo en su *Creonte*. E insistiendo en esto último uno podría decir que una gran obra de arte está directamente relacionada con una gran fuente de nutrición. La fuente mitológica de los griegos fue enorme, por eso produjeron las más grandes tragedias del teatro Universal, ¿Y qué podríamos decir de la saludable y perfecta digestión que hizo Shakespeare de los ingredientes ambientales dramáticos del mundo latino (principalmente italiano)?

Antes de leer el libro de poesía de Rene del Risco y Bermúdez *El Viento Frío*, había leído en una página literaria dominical de El Nacional, del mismo poeta, *Amiga de la Guerra*. Quedé entusiasmado con la poesía auténtica de un poeta a quién no conocía personalmente y a quién suponía, por cierta atmósfera de esa poesía, muy joven. En mi reciente visita a Santo Domingo lo conocí y comprobé que su juventud era más o menos la que yo había calculado antes de conocerlo. A mi juicio, René del Risco y Bermúdez es uno de los mejores poetas de su generación. Y me permito vaticinar (sin ínfulas de profeta) que será una de las grandes voces de una poesía no sólo dominicana sino también continental.

También con los ingredientes ambientales de su fuente de nutrición revolucionaria, su libro está repleto de momentos poéticos de una seguridad y de un lirismo social de gran calidad.

Y ahora vuelvo a insistir en mi tesis del arte como libertad, el aspecto de que él fuera revolucionario durante la Revolución del 25 de abril o no lo fuera, no tiene que ver con los dotes poéticos que este joven tiene a la edad de 30 años. Pero, paradójicamente, estos poemas de René del Risco y Bermúdez, no salen sin la Revolución y sin su afinidad —inconsciente o consciente— con la obra de poetas como Neruda y López Velarde. No hay duda que su fuente de nutrición fue la Revolución. Pero si no existe el poeta, no hay ese olfato de sabueso, ese olfato que hace que el poeta huela todos los acontecimientos humanos e inhumanos que le rodean y si el poeta no roza Intuitivamente con todas las cosas del ambiente, rozamiento propio de un SER VIVIENTE que es el ser más VIVO que vive sobre la tierra: el creador (llámese poeta, pintor, escultor, escritor, compositor) tampoco hubieran salido esos poemas pese a su fuente de nutrición revolucionaria o post-revolucionaria influenciada por el impacto que dejó en él la Revolución.

Rene del Risco y Bermúdez usa frecuentemente palabras largas, muchas veces adverbios o modos adverbiales. Creo que en esto radica su musicalidad. Una de las características más sobresaliente de todo gran poeta es la música que lleva consigo su propia poesía. Musicalidad que es preponderante, notable, en los poemas de Pedro Mir y Hernández Franco. Y musicalidad intuitiva y milagrosa en el *Compadre Mon* y los *Huéspedes Secretos* de Manuel del Cabral, para nombrar solamente tres de nuestros grandes poetas.

Poemas como los siguientes son a mi juicio un claro ejemplo de lo dicho (sin ser crítico literario) acerca de la poesía de Rene del Risco y Bermúdez:

Tú me dirías tu nombre absurdamente,
como quien ofrece su mano
se declara culpable.
Pero eso no tendría ninguna importancia,
no cambiaría nada,
todo seguiría igual,
tristemente igual,

desoladoramente igual,
el mismo pesado sueño entre los ojos,
el mismo corazón lleno de niebla,
la misma cabellera penosamente recogida,
la misma niña que fue al colegio
en un autobús amarillo,
el mismo edificio gris
con ventanas de cristal,
la misma mano perfumada extrañamente,
la misma mañana,
la misma voz,
esta misma forma de morir
que tiene una muchacha
llamada Vicky, Luisa, Aura, Rosa,
ante una taza de café,
victima de toda una ciudad,
de toda una vida nómada, terrible, tonta...
Pero que, al fin, son cosas sin ninguna importancia...

O con un acento musical muy Velardiano nos dice limpiamente:

Preferiré recordar que te peinabas
con el cabello en dos mitades espantosas....!

Y por otra parte en el mismo poeta "Preferiré Recordar";

Preferiré recordar
que eras trágicamente mujer,
que peinabas tu pelo
en dos mitades pavorosas,
y que tenías los muertos ademanes
de una niña abandonada en una feria...

Pasajes como los siguientes son ejemplos de lo que he señalado con entusiasmo en Los *Angeles de Hueso*, de Veloz Maggiolo:

"Cuando Fariña se lanzó al mar los tiburones no estaban en la orilla, sino que vinieron desde la lejanía, girando frente a los arrecifes del malecón y la destrozaron. Los bomberos se tornaron iracundos, no sabían como evitar que los tiburones se tragaran a Fariña; miraron atontados, llenos de un calor sofocante, sufrientes, lisos, llenos de rabia, con esa rabia roja y azul de los bomberos, Pero los tiburones seguían haciendo cabriolas, bajaban, subían, eran los mismos peces maldecidos por mí a las tres de la tarde del día anterior, cuando Juan Ciprián el pescador, lanzó su cebo y ningún tiburón quiso agarrarlo. Ahora venían, tal y como nunca lo habían hecho. Nomás sintieron que era carne de mujer y vinieron, (el sexo lleno de pavor) a poseerla con la cadena filosa de sus dientes amarillos y violetas.

Los tiburones aletean como mariposas enamoradas. Son sutiles, sangrientamente sutiles."

La historia podría continuar, pero no creo que interese tanto un deceso a diente de tiburón. Es un modo corriente de morir en estos litorales de muerte, sal, y mar azul.

En las orillas de Santo Domingo vio Colón tiburones extraños. Colón había descubierto América por encargo de su reina, ¡Colón! ¿Qué importa Colón?

Deberíamos seguir hablando de Fariña, pero cansa y recansa, eso de hablar y hablar sobre una misma persona, sobre un mismo suceso. Cero suceso".

Y ahora otra vez directo, cortante e imaginativo Veloz Maggiolo nos dice con su ironía que me he permitido llamar trascendental:

"El cerebro tiene dos tonos, como un zapato de chulo, como un zapato de cabaretero indomable. El primer tono es negro, el segundo blanco. Cuando usamos el lado blanco pensamos demasiado. La cabeza es un acto de la fe. La cabeza. Alguien las reduce para venderlas al turista: una cabeza para el que no tiene cabeza suficiente. Por eso los turistas compran cabezas japonesas inauténticas".

¡Ahora! 214, año VI, 18 de diciembre de 1968, pp.18-20, 77.

RENÉ Y MIGUEL: DOS TENDENCIAS FUNDAMENTALES.
MAS SOBRE LOS PREMIOS
Héctor Díaz Polanco

Leímos en esta misma revista (número 280, del 24 de marzo de 1969) un interesante artículo firmado por el señor Pedro Conde. En su trabajo titulado "Los Premios", intenta un análisis de los cuentos que resultaron ganadores este año en el Concurso organizado por la Agrupación Cultural La Máscara.

Nos ha parecido necesario profundizar aún más en la crítica de, por lo menos, los trabajos que fueron galardonados con el primero y segundo premio: "Ahora que vuelvo, Ton" de Rene del Risco y Bermúdez, e "Isael" de Miguel Alfonseca. Nos ha parecido importante abundar sobre el análisis porque –adelantamos– a nuestro juicio en estas dos obras se manifiestan precisamente las dos tendencias literarias fundamentales que se desarrollan en nuestro país y. en general, en toda América Latina.

Antes de entrar en materia queremos manifestar una satisfacción muy particular. Vemos en el señor Pedro Conde una intención crítica que, además de sana, es valiente y responsable. Nos regocija esa actitud porque estamos convencidos de que una de nuestras grandes deficiencias ha sido precisamente la falta de una crítica ordenadora que produzca la cohesión necesaria que convierte al conjunto de obras de un país en lo que se llama una "literatura". Trataremos de abundar sobre este punto en otro trabajo. Por el momento, hacemos constar nuestra fe en la crítica, condición "sine qua non" de la riqueza y la singularidad creadora de la literatura de cualquier país.

Pedro Conde acierta, a rasgos generales, en sus juicios hacia los cuentos premiados de Rene del Risco y Miguel Alfonseca. Lamentablemente, no profundiza mucho. En resumen, no establece criterios claros sobre las razones que hacen de "Ahora que vuelvo, Ton" un cuento excelente, y de "Isael" un esfuerzo frustrado, un experimento estéril e infeliz.

Lo primero que salta a la vista en el cuento de Rene es la perspectiva bien lograda, lo que brilla por su ausencia en el trabajo de Miguel, resultado caótico, incoherente y, precisamente, absurdo e inverosímil.

¿Por qué ocurre esto? Trataremos de encontrar alguna explicación al fenómeno.

"Ahora que vuelvo, Ton" presenta, en síntesis, la visión del mundo del narrador, no del humilde muchacho de barrio que termina lustrando zapatos. Es la cosmovisión del hombre cuyo mundo es más ancho y más profundo que los límites del solar, del barrio o de la provincia. ¿Y ésta no es la que corresponde –aunque en proceso de cambio, es cierto– al narrador?

Es por ello que logra tal dominio y precisión. Esa es la razón de la tremenda carga anímica que contiene el cuento, de su realismo, de su impacto estético.

Iber H. Verdugo ha dicho, con muchísima razón, que "Cualquiera que sea el plano que se ofrezca, se tendrá siempre una relación parcial de la literatura con su sociedad". Y agrega: "Lo que la sociedad es para cada escritor es sólo una porción de su clase, lo más inmediato a su experiencia personal, naturalmente. Las incursiones por otros ámbitos sociales, por otras clases, por ejemplo, resultan irremisiblemente vistas y moldeadas según los patrones mentales de su propia extracción social".

He ahí el secreto. En esta oportunidad Rene no ha intentado hacer incursiones por ámbitos que desconoce, o con los cuales ha perdido toda conexión. En su cuento logra presentar el mundo de ese hombre –el narrador– atrapado en una sociedad vacía, integrada por compartimientos estancos, donde impera –paradójicamente– la incomunicación y la soledad se convierte en elemento cotidiano; de un hombre que no encuentra los mecanismos o instrumentos para librarse de la trampa social, que ha perdido el hilo que lo podía guiar por el laberinto de su propia vida y que, en consecuencia, no se proyecta ni se eleva en su medio, sino que retorna a su punto de origen, vuelve como Ulises a Itaca, tratando de completarse, de reencontrarse, de reiniciar la historia... Pero ya es muy tarde, porque un abismo de distanciamiento ha abierto sus fauces. Por eso al leer el cuento se recibe una ráfaga de desolación que, sin embargo, no aniquila, sino que llena de vitalidad. Este es el gran logro de René.

Pero hay algo más. Nos parece que el equilibrio mantenido entre forma y fondo es determinante. Ello le permite ir controlando el desarrollo de la obra y obtener un resultado concreto, no de impacto. Entre las dos posibilidades que se ofrecen (abstracta y concreta), aunque quedan abiertas, se impone la concreta. Había cambiado mucho. Y salta la idea: "... marcharme para siempre". Homero no contó la historia completa: alguien debía salir nuevamente de Itaca para recomenzar la Odisea, la gran peregrinación, de acuerdo con el "juego" de Carlos Fuentes. Sobre las posibilidades, Georg Lukacs establece criterios claros y magistrales: "...mientras la posibilidad abstracta sólo puede ser concebida en el sujeto, la posibilidad concreta tiene como premisa su acción recíproca con los hechos objetivos desde el punto de vista social-histórico. Es decir, la descripción literaria de la posibilidad concreta presupone una descripción concreta de hombres concretos en concretas relaciones con el mundo exterior".

Rene del Risco y Bermúdez pasa así por encima del realismo social –entendido en su aceptación latinoamericana, dentro de cuya categoría se encuentra la magnífica obra del profesor Juan Bosch– y se dirige con paso firme hacia la más avanzada tendencia literaria dentro de la sociedad burguesa: el "realismo crítico". Es un paso importante, que, para nosotros, constituye una clara demostración de que está buscando medios expresivos más eficaces y más a tono con nuestra realidad.

En "Isael", en cambio, Miguel Alfonseca sigue debatiéndose, como un insecto, en la telaraña de la vanguardia decadente. El desastre no ocurre –como señala el señor Conde– porque Miguel pretende "abarcar demasiados aspectos". Se trata de que Miguel escoge la "perspectiva" vanguardista, y rechaza la histórico-social. Por eso el cuento está impregnado de un desesperado afán por los detalles que lo llevan al caos y a la más lamentable incoherencia. Estos dos factores dan origen a dos características: lo inverosímil y lo absurdo.

¿Por qué ese afán por los detalles? Es un imperativo del desarrollo del cuento, y su germen de destrucción. La obra vanguardista sólo logra cierto carácter de verosimilitud a base de este mecanismo. Es lo que explica el amor febril de Franz Kafka, uno de los padres del vanguardismo, por la minuciosidad en la narración. La alucinación sólo puede mostrarse, en una historia absurda y terrible, a base de una epidermis de realismo lograda a golpes de detalles, de pormenores en ocasiones obviamente insignificantes.

Uno de los estudiosos de la obra de Kafka dice: "Este arte se basa en una fría aplicación a contar lo inverosímil como si fuese real, a describirlo minuciosamente". Y explica más adelante: "Esta tendencia a la precisión, esta manera de insistir sobre los detalles y de comentarlos, permitirán en .seguida al relato fantástico ofrecer una dura impresión de realidad. Constituirá una pesadilla, pero una pesadilla tan exacta que alberga en sí el sentimiento de lo vivido..." Este es uno de los grandes secretos del talentoso escritor checo.

Lo que se pretende, como se observa, es dar cierta categoría de verosimilitud a la obra fantástica y alucinada con este sutil mecanismo. Es también inconscientemente lo que busca, de manera desesperada, Miguel Alfonseca en este cuento, con muy tristes resultados.

Desgraciadamente, por no dominar la técnica, Miguel ni siquiera consigue esa epidermis, y se hunde en la incoherencia más completa, generando un desequilibrio que destruye totalmente las posibilidades del cuento.

No es una casualidad, por cierto, que entre el destino de Isael y el de Gregorio Samsa –el célebre personaje de Kafka en "Metamorfosis"– se note cierta similitud. Y es que hasta en este detalle secundario se observa que el cuento de Miguel está imbuido del más decadente absurdismo.

Como se ve, estos dos cuentos representan las dos tendencias fundamentales que se desarrollan en la actualidad dentro de la sociedad burguesa. El anti realismo enajenante, por una parte, y la plasmación de una realidad total, viva y en movimiento, por otra. La fantasía onírica que conduce inevitablemente a lo absurdo y a lo incoherente, y la perspectiva que, sobre la base de una actitud crítico-social, muestra la esencia de la vida, en constante cambio y en conflicto permanente. Esa es la gran conclusión que podemos sacar de la lectura de estos dos cuentos.

Esas tendencias se mantienen en lucha tenaz, pero al final, indefectiblemente, se impondrá el realismo en su manifestación crítica. No obstante, debemos estar conscientes de que la batalla sorda que se libra continuará aún por mucho tiempo, porque la visión vanguardista tiene muchos partidarios, dado que las ideas de la soledad, la angustia, la náusea, la incomunicación y la confusión necesarias, están muy propagadas y enraizadas en algunos de nuestros intelectuales.

Concluimos aquí, por el momento, nuestras consideraciones sobre este riquísimo tema que atañe tan directamente a nuestra producción literaria actual. Abundaremos en otra oportunidad. Sólo nos resta, finalmente, agradecer al señor Conde sus elogiosos juicios sobre nuestro poema "Cien Infiernos Ardientes (CÍA)" que, por una comprensible y humana inadvertencia, atribuyó al doctor Aquiles Azar García.

¡Ahora!, núm. 282, 7 de abril de 1969, pp. 26-28.

LECTURAS 67
Luis Alfredo Torres

René del Risco Bermúdez ha dado a sus contemporáneos el testimonio de la época post-revolucionaria que empezó a vivir el país desde septiembre de 1965. Un libro de poemas, *El Viento Frío*, es ese testimonio amargo, quizá cruel y caricaturizado pero indudablemente auténtico.

Estos dieciocho poemas –poemas de una sola voz—, caminan entre la desilusión, el escepticismo y el miedo que caracterizan a esa época. Son poemas de sentimiento, no de pensamiento. Son poemas de vida, no de esencia.

Esta variación en el temperamento casi festivo de la obra anterior de Del Risco Bermúdez encuentra su causa en el dolor, en la angustia de la derrota tras la guerra. Y el poeta, encerrado en ella, no ve la hendija de esperanza por donde volverá la alegría.

Hay hombres y hay superhombres. Un superhombre sería, en el caso, el poeta que, trascendiendo espiritualmente la terrible realidad por la que está rodeado, inventara esa esperanza y la cantara.

Pero Del Risco es solo un hombre y se comporta como tal. El abatimiento que cerca a sus coterráneos lo cerca a él también y en ese cerco empieza a sentirse un viento frío, una brisa de pesar e indiferencia que es la lápida en la tumba de los sueños, de los caídos, del canto entusiasta de otros días.

Esa brisa escalona los dieciocho peldaños de *El Viento Frío*.

Eminentemente subjetiva, la obra —primera del poeta— es un vagar por dentro de sí mismo y por cosas que parecen haber perdido toda su importancia. Un vagabundeo que no podría significar nunca claudicación sino estacionamiento por la sorpresa de una verdad que duele pero que es verdad.

> *Debo saludar la tarde desde lo alto,*
> *poner mis palabras del lado de la vida*
> *y confundirme con los hombres,*

dicen los versos iniciales del prólogo poético, que da título al libro.

Y agrega más adelante:

> *ya no es hora de contar sordas historias*
> *episodios de irremediable llanto,*
> *todo perdido, terminado...*
> *Ahora estamos frente a otro tiempo*
> *del que no podemos salir hacia atrás.*

"Del que no podemos salir hacia atrás", dice, y es tanto lo que la realidad circundante aprisiona al poeta que no se le ocurriría salir hacia adelante. Porque, precisamente, el presente que refleja la obra halla su contraste en el inmediato pasado, en la guerra, en la ilusión, en la fraternidad de la lucha, no en un futuro del que nada se sabe y sobre el que la tristeza no permitiría escribir.

Más adelante, Del Risco Bermúdez descubre:

> *ya los demás no son tan importantes*
> *y tú y yo debemos comprender*
> *que estamos en el mundo nuevamente.*

Y dice en otro poema:

> *No era esta ciudad. Te lo repito*
> *No era esta ciudad,*
> *porque entonces las muchachas perdieron*
> *sus cabelleras de pronto,*
> *y fuimos aprendiendo*
> *a fumar impasiblemente*
> *junto a la perdida mirada de los*
> *muertos...*

y concluye:

> *aquella ciudad no la hallarás ahora*
> *por más que en este día*
> *dejes caer la frente contra el puño*
> *y trates de sentir...*

No, no era esta ciudad.
Te lo repito.

Esta es la realidad del poeta y del pueblo, del pueblo y del poeta que lucharon y soñaron juntos y que no pueden volver a soñar porque la experiencia de la lucha es aplastantemente triste y porque su renovación se hace cada vez más lejana.

Prisionero político en las cárceles de la tiranía, militante y activista político a la caída de Trujillo y combatiente por la libertad y la soberanía de su nación en Abril de 1965, el Rene del Risco y Bermúdez de *El Viento Frío* es él mismo. El mismo hombre en épocas diferentes. El mismo hombre siendo moldeado, ante todo, por las condiciones del medio en que vive, se desarrolla, sueña, llora y canta.

Este, *El Viento Frío* no es la necesaria obra del superhombre, del superpoeta. Y no es, también, otras muchas cosas que pudieran decirse, o que se han dicho. Lo que sí es, y tiene que ser de júbilo para el autor, es una obra auténtica de sentimiento con calidad poética, un testimonio valiente del período que ha tocado vivir, o agonizar, al hombre dominicano que sobrevivió a la abortada Revolución Constitucionalista y Guerra Patria de Abril.

| *¡Ahora!* Núm. 212, año VI, 4 de diciembre de 1967, p. 30.

EL DOMINICANO DE LAS NIEVES
Una orquídea
Pedro Mir

Crónicas de un pez soluble

Quisiéramos venir a esta página enarbolando un banderín alegre.
No tanto por que hemos vencido un año, lo que no es pequeña hazaña, aunque los años le hayan dejado a uno más heridas en el alma que a Luperón cicatrices en el cuerpo a través de veinte batallas. Culminar un año cimbreando uno su espíritu como si fuera de acero toledano, después de haberlo obligado a traspasar las preocupaciones propias y ajenas, y quedar todavía en pie, merece un trago, como decía aquel persona/e del poema de Vital Aza, que había resistido una invitación irresistible junto a una barra. Lo merece. Y esa es una de las tantas razones que impulsa a despedir el año junto a la copa del clásico "bon vino". A esta crónica, pues, debería llegarse alegre a festejar la hazaña vital y ecuménica. Una crónica que fuera un gran abrazo, una mano tendida, un ademán de júbilo. Que quede constancia de que se tiene conciencia.
Pero ocurre que la conciencia es la persistencia de ciertos pensamientos. Ser conscientes es tener en la cabeza cuatro o cinco pensamientos invariables. No es necesario tener quinientos. Justamente, aquellos que poseen un arsenal de pensamientos, ninguno de los cuales perdura más de una hora, es lo que llamamos en familia un inconsciente. Quiere decir que la conciencia no es una cantidad sino una permanencia...
Nosotros nos asomamos hoy a esta página abierta con un pensamiento central que no nos abandona, un pensamiento que es verdaderamente y a justo título un fenómeno de conciencia. Y es la muerte del joven poeta.

Hace algo más de un lustro perdimos a Jacques Viau, que no había nacido en nuestro país ni siquiera en el seno de la lengua española. Aquí aprendió el idioma, aquí se impregnó de la idiosincrasia nacional y se hizo querer en castellano. Pero lo más notable es que aquel muchacho, que traía quien sabe de donde un alma henchida de los más nobles sentimientos, dio en expresarlo poéticamente. Esto no es nada del otro mundo. ¡Quién que es no es romántico! decía Rubén Darío. Y en esto de darle salida a la presión interior por la vía del poema, es sabido que quien más quien menos, incluyendo al infrascrito, tiene sus veleidades. Pero otra cosa es escribir poesía en una lengua distinta a la lengua materna. En el caso de Jacques Viau se dio este prodigio con algunos aditamentos notables. Uno es que hacía una gran poesía en la que se anunciaba una voz muy vigorosa y tendida al futuro. Otro es que se sentía en ella la sangre dominicana...

Por eso la muerte de Jacques Viau produjo una profunda sensación de vacío en el alma nacional. Es como si a todo el pueblo le hubiese acometido una mudez instantánea. Hay quien sostiene, aunque de manera exagerada puesto que existen otros muchos medios no menos idóneos, que los pueblos hablan a través de sus poetas.

Y por eso la muerte de Rene del Risco es una constancia mental, una persistencia, un hecho de conciencia como si en el fondo uno se sintiera culpable. Pero ¿por qué puede uno ser culpable? Un accidente es un accidente y en cuanto aparezca el más módico adarme de conciencia deja de ser accidente y se convierte en cualquier otra cosa. Lo que sucede es que el pensamiento funciona en gran medida como un aparato mecánico. Uno liquida cualquier conclusión pero las ruedecillas continúan girando y le obligan a uno a tomar de nuevo la dirección de estos pensamientos anárquicos. En algún sector de este mecanismo hay algún resorte que exige atención.

EL RESORTE

Nosotros conocimos a Rene del Risco y a su poesía simultáneamente. Fue en el Macorís marino, ese pueblo de provincias

tan lleno de nostalgias como de aguas de río y de mar, de manantial y de lluvia. El pueblecillo, como se sabe, ha sido mejor contribuyente de las antologías que de los aranceles. René, que brotaba de ese pueblo como los cañaverales, con una carga de música y una secular amargura tan vieja como el Descubrimiento, llegaba a la poesía por una doble tradición, por la de su pueblo y por la de su sangre, ya que su segundo apellido era el de Federico Bermúdez: "¡Parece una tarde que va a morir, señora..!"
Cuando le oímos decir sus versos, nos pareció descubrir en él un conjunto de cualidades, entre las cuales algunas que no eran necesarias para su poesía, como la inteligencia, por ejemplo, que más bien parecían constituir un estorbo para la pureza de su canción. Es como un ruiseñor que fuera inteligente. Está bien, se le puede perdonar, pero hay siempre el peligro de que este cantor natural se dedique al periodismo, donde están muy bien ubicados los inteligentes pero donde el ruiseñor es un contrasentido. Y, pensábamos entonces, "si este muchacho tan joven, tan dotado de atributos excelsos, se mantiene fiel a su vinculación con la poesía, llenará la noche con su canto, la noche universal que sigue a los horizontes en su marcha." Lo poseía todo y había bebido la poesía en la misma niñez. No le faltaba nada más que esa maduración lenta que está en el núcleo de la poesía verdadera como en el trigo. No necesitaba más que el tiempo.
Pero de improviso descubrimos, nosotros que seguíamos su lucha artística a través de sus primeras obras, que la vida moderna, el tráfago técnico del siglo amenazaba con absorberlo y apartarlo de su lírico destino. Vimos esto con no pequeña preocupación. Porque la inteligencia no es un don menos estimable que el don poético. Es probable, aunque discutible, que el hombre deba más a la inteligencia que al arte. Acerca de este punto podría reanudarse una discusión que un mal poeta puede ganar con un poco de inteligencia. Pero lo que sí es Indiscutible es que la poesía exige una consagración más profunda, más constante, más leal y firme que cualquier actividad que se base en las dotes intelectuales. Lo demuestra el hecho de que los inteligentes son por lo general adictos a la improvisación. Una inteligencia des-

pierta realiza milagros en un segundo. El artista no. Hay en toda obra de arte sancionada por el tiempo, innumerables noches acumuladas en el silencio y en la zozobra. A veces brota en un verso la tristeza de los años. Y los genios, dicen, acumulan en una sola sílaba la angustia de los siglos.

Nosotros debimos acercarnos a René y pedirle que no renunciara a su destino poético. A lo sumo dejamos escapar una pequeña protesta para que llegara a sus oídos. Claro, era muy difícil hacerse entender. René aseguraba que no abandonaría la poesía pero nosotros temíamos que la poesía lo abandonara a él. Le veíamos derrochar su inteligencia, le veíamos triunfar, oíamos su nombre en todas partes y pensábamos que se nos iba una voz que se anunciaba desde el horizonte.

Ahora lo hemos perdido de una manera más brutal, y sobre todo absurda. Pero lo que deja una insatisfacción honda, un reproche profundo e insaciable, es que el tiempo fuera tan escaso para que nos diera la obra formidable para la que nació destinado. Es la misma angustia que dejó en nosotros la muerte de Jacques Viau aunque las circunstancias no fueran las mismas Es que hay algo que trasciende estas circunstancias y es el estrangulamiento que esta partida a destiempo significa para un país que, como el nuestro, ha vivido tan largas jornadas de silencio. Son voces que se apagan, antes del grito universal y eterno. Y estas voces pertenecen al pueblo.

Con esta gota de tristeza, avancemos sobre el año nuevo.

¡Ahora! Núm. 477, 1 de enero de 1973, p. 26-27.

ENTREVISTA A RENÉ DEL RISCO PARA
LA REVISTA "SERIE 23"
Clara Leyla Alfonso

La ciudad y sus barriadas, los amigos y calles, la infancia y la adolescencia, la lucha antitrujillista y la guerra de abril, toda la vida de un hombre recreada en sus obras para cantarle a su ciudad, San Pedro de Macorís.
René del Risco Bermúdez ha logrado, con el canto a lo particular –Macorís– un canto universal al hombre, a la vida, en cualquier latitud. Poeta, cuentista, hoy dedicado a la publicidad sin que lo abandone su pasión por la literatura, René del Rico Bermúdez nos cuenta algunas cosas, y al hacerlo, desborda su fuerza expresiva. Su sonrisa –y muchas veces su risa– traicionan la adustez de su rostro, que trata de ocultar la tremenda sensibilidad del poeta, del hombre profundamente marcado por la vida, que da la impresión de que las palabras acuden a él y que sin embargo confiesa que le resulta muy difícil escribir cuentos, porque –cada vez me exijo más a mí mismo–. René del Risco Bermúdez es nieto del poeta Federico Bermúdez, gloria de San Pedro de Macorís y por ende, de la República Dominicana. Ha heredado de él, la emotividad y sencillez que reflejan cada una de sus obras.
–Serie 23– trae para sus lectores un diálogo sostenido entre René del Risco Bermúdez y nuestra reportera, Clara Leyla Alfonso.

– En la literatura ¿qué prefieres hacer, qué te sientes más, cuentista o poeta?

–Fíjate, para mí eso no es un problema de qué me siento yo más, sino que realmente eso está determinado por lo que yo en cada caso quiero decir. Comencé a escriba cuentos, cuando me di cuenta que trataba de hacer poesía y lo que yo queda decir, ya no me era suficiente dentro del lenguaje y la mecánica poética.

Cuando vi que la poesía, para decir las cosas que en ese momento yo quería decir, no me valía, de un modo casi espontáneo empecé a escribir cuento. Pero paralelamente a eso, he seguido haciendo poesía, lo que pasa es que lo que puedo decir a través de la poesía no es lo que puedo decir a través del cuento.

–Es decir, que vas al cuento como una nueva forma de expresión...

–Sí... es realmente otra dimensión de la literatura que me permite decir cosas que sólo se pueden decir a través del relato, del cuento. Eso es lo que determina el hecho de que escriba cuento o poesía, pero sentirme una cosa más que otra, es difícil.

–Pero es que yo me pregunto si realmente uno se puede sentir más poeta que cuentista, ya que son dos exigencias diferentes, dos mecánicas distintas.

–Bueno, en eso hay un secreto mecanismo. Yo no sé si tú sabes que, por ejemplo, Borges antes que cuentista fue poeta, cronológicamente, porque él sigue siendo poeta y un magnífico cuentista, magistral. Cortázar, antes que relatos escribió poesía. Es más, incluso en el caso de dos elementos a quienes no se les conoce como poetas, escribieron poesía: Carlos Fuentes y Vargas Llosa. Yo creo, sin temor a equivocarme, que la gran mayoría de los cuentistas –incluso Bosch– antes que cuentos hizo poesía. Bosch tiene unos romances bellísimos que escribió muy joven, viviendo en La Vega.

Llega un momento en que a uno se le antoja que la poesía es un medio muy limitado. No estamos viviendo un auge en lo poético, aunque sí en la narrativa, quizá en lo que a Latinoamérica se refiere, ello se debe a que el campo, la visual que tiene un escritor ante sí es tan compleja, tan general, que la propia poesía tiende a ser algo unilateral. La poesía generalmente toma un lado de las cosas. Por más ambicioso que sea un poema, siempre nos muestra una parte de las situaciones. Una novela o un relato es casi un universo; es algo que tiene su movimiento propio, su relación de fuerzas. Es más amplio que el poema. Y quizá eso explique un poco el tránsito de la poesía al cuento.

—Hay un cuento tuyo que me imagino ha significado mucho en tu vida y es –*Ahora que vuelvo, Ton*–. En verdad, ¿qué es para ti, como persona y como escritor?

—Ahora que vuelvo, Ton–, es en gran medida mi vida. Incluso se desarrolla el ambiente tanto sicológico como físico como emotivo, en el barrio en que yo nací y me crié: La Aurora. Es una sola calle que queda por donde está la planta eléctrica. Mi casa está a una esquina de ese barrio. Yo nací entre La Aurora y La Barca. Toda mi vida discurrió allí; mis amigos, mis primeros amigos hasta bien entrada la adolescencia, son los muchachos de ese barrio. Y todos ellos caminan en alguna época de mi cuento. Yo estoy hecho de esos afectos que son ellos y de esas experiencias con ellos. De esos patios de la José Reyes y todas esas cosas. Cuando vine a estudiar en la universidad, entonces, mi vida comenzó a cambiar, y ese cambio se materializó en un cambio de amistades. Y entre el René de esa época y el René de ahora, hay un abismo tremendo. Y hasta cierto punto no sé si he ganado con el cambio.., lo que sí es que estoy atado realmente a ese pasado, a esa realidad. Y cada cosa que hago, cada vez que me sucede algo bueno, recordando esa situación original, me enorgullezco sobremanera. Y ese cuento lo que trata de plasmar, realmente, es el tránsito de mi vida, de un René a otro René, en términos sociales ¿y por qué no? económicos... Y entonces, –Ahora que vuelvo, Ton–, es casi como una confesión. Ha sido tan determinante, y tan importante, que después de –Ahora que vuelvo, Ton–, en materia de cuentos he escrito muy poco; no es que haya terminado de decirlo todo, sino que todavía me está afectando.

Eso no es solamente la vida de René del Risco, creo que justamente esa es la realidad de toda la gente de provincia, de extracción humilde, que luego, por eso que llaman –superación– ha ido cambiando, pero se queda emotivamente en esa niebla del pasado. Y eso es tremendo, pesa, es la mejor parte de la vida de uno. A veces genera cierta tristeza volver la cara. Ahora, yo soy muy apegado a mi infancia, sumamente. Y por muy corto que sea un viajecito que haga a Macorís, no dejo de caminar por el barrio que me vio crecer.

–¿Y vive todavía allí esa gente?

–Sí, la gran mayoría. Están todavía en Macorís, pero sus vidas, como es natural, han tomado diferentes cursos. Yo no sé hasta qué punto ellos me tendrán como su amigo, si se acordarán, ni siquiera si hablarán de mí, pero yo me siento muy bien. Fíjate, nunca en mi conversación con nadie rememoro esas cosas, pero si me siento a escribir ya es otra cosa. Estoy escribiendo una novela desde hace varios años, –El cumpleaños de Porfirio Chávez– (su título provisional). Discurre durante la era de Trujillo y toda la trama se desarrolla en San Pedro de Macorís. Cuando termine esa novela y la publique, entonces sí habrá que preguntar, porque ahí sí hay una carga profunda de Macorís, de la gente que me rodeó.

Ahora me sucede una cosa, y eso no es sólo a mí sino que le ocurre a todos los escritores de Macorís –a Norberto James, a Pedro Mir– no hemos podido olvidarnos de Macorís. Eso obsérvalo. Pedro Mir escribe –Hay un País en el Mundo–, en La Habana, y cuando piensa en República Dominicana, piensa en San Pedro de Macorís. El macorisano no se puede liberar de esa carga emotiva que yo no sé donde radica.

El libro de poemas –El Viento Frío–, es una de las obras de René del Risco más adversamente criticada. En –Literatura Dominicana 60–, Ramón Francisco critica el uso de palabras comunes en el lenguaje dominicano y a su –hombre frustrado–. En estos poemas, René recurre a palabras como –nafta–, –Omnibus–, en vez de –gasolina–, –guagua–.

—Al escribir ¿tomas en cuenta el significado del lenguaje, de cada palabra?

—Sí, yo lo tengo muy en cuenta, sobre todo el sentido, el contenido abstracto y emotivo de cada palabra. La significación emotiva, su fuerza, yo veo cada palabra como un generador de sentimientos. No hay otra manera de ver el lenguaje para escribir que no sea a través de la sugerencia que tenga cada palabra, no lo que la palabra quiera decir en términos de diccionario, sino por lo que sugiera a quien lee. Entonces yo no sé hasta qué punto sea importante utilizar palabras de uso diario dominicano, necesariamente, incluso eso es una cosa que tiene mucho que ver con la posición cultural de cada quien. Realmente aquí hay muy poca gente que dice ómnibus, todo el mundo dice –guagua–. En México tú dices guagua y entienden que es un muchacho. Nafta es muy raro que aquí se use. Ahora yo no sé por qué, y te confieso que cuando escribí ómnibus y nafta lo hice como cuando escribí noche, y calle y mesa, ¿te das cuenta? es decir, que no lo hice por nada especial. Ahora eso ocurre en un poema de *El Viento Frío*, pero yo he escrito mucho antes y después de su publicación. Sin embargo, y no voy a decirte que he sido el más atrevido en el uso del lenguaje, de la expresión dominicana, pero gran parte de la poesía que he publicado ha sido muy dominicana, en muchísimos aspectos, y sobre todo, callejeramente dominicana. Lo que ocurre con *El Viento Frío* –y mucha gente no lo ha querido comprender– es que es ni más ni menos la expresión de un escritor –que en ese caso soy yo–, de un hombre –que también soy yo–, que ha visto pasar un acontecimiento de gran trascendencia para su vida, como fue la Guerra de Abril. Pero qué resulta, que ve discurrir ese acontecimiento, o vive y también vive su disolución en términos de vida nacional. Entonces yo asumo esa situación, pero a través de mi propia condición cultural de clase, o sea, ese es el libro que plasma la frustración de toda la pequeña burguesía que participó en la Revolución de Abril.

...Y luego, es esa irrupción hacia una vida más amplia, de lo que uno interpretó que era la salida del cerco, y uno vio desplomarse una serie de ilusiones que mantuvo y alimentó. Y vio que la vida cambió de la violencia a otra cosa tan diferente que uno nunca pensó. Y entonces, el libro lo dice claro.

–Es decir, ¿que tú escribiste *El Viento Frío*, consciente de que plasmabas tu frustración?

–Sí, absolutamente consciente, yo no quise otra cosa; es más, un testigo de ello es Miguel Alfonseca. Nosotros paseando por la ciudad una mañana, ya habían pasado las elecciones, veíamos la ciudad y yo le decía ¡caramba, voy a escribir un libro que recoja todo esto de que tanto hablamos, y que tanto lamentamos! Pero lo voy a escribir desde mi punto de vista y de la vida de los acontecimientos pequeños que conforman mi vida. Y ese es *El Viento Frío*.

Y mira, aquí lo dice muy claro:

>*Y en fin, Belicia, amiga mía*
>*ya los demás no son tan importantes*
>*y tu y yo debemos comprender*
>*que estamos en el mundo nuevamente–.*

Y hay luego otro poema, –No era esta ciudad–. Aquí está el individuo que se niega a creer que todo aquello sucedió en esta misma ciudad donde están luego sucediendo cosas tan diferentes. Ahora, yo tuve el deseo y no tuve ningún temor de escribirlo desde mi punto de vista. Y lo hice atendiendo a una serie de creencias y de opiniones personales; yo creo que hacía bien. Y tengo muchos amigos, incluso militantes políticos, algunos ya muertos, que me decían que era lamentable que el libro sólo recogiera las frustraciones y que no tuviera alientos desesperanzas, pero... ¡es que yo no tenía ningún aliento de esperanza cuando escribí ese libro!

–Y su risa nerviosa aflora, un poco triste, quizá.

Yo solamente veía el derrumbe, solamente estaba en situación de lamentar. Y eso yo lo escribí, y creo que tiene su función. Y el libro, por encima e independientemente de sus condiciones de calidad –que esas si pueden ser discutidas– a mí me parece sin ser muy ambicioso, que tiene su función y que va a quedar como testimonio de esa situación vivida inmediatamente luego de la Guerra de Abril.

Y toda esta disquisición es para decir que ese libro es muy el libro de una persona que obedece a mis circunstancias y naturaleza, a mi vivencia. Y claro, Ramón Francisco hace esas críticas, pero yo creo que es más a mí como persona que a mí como poeta.

–Pero en René del Risco vive otro hombre. El publicitario, y nos interesa saber en este campo cuál es su experiencia. Su respuesta franca, a veces parece un monólogo interior.
–Yo soy un individuo que ha hecho profesión de la publicidad, que es la negación de la literatura. Es la negación de la libertad para hacer literatura. Y la publicidad es la negación incluso de esencias que deberían aprovecharse en literatura que se aprovechan en la publicidad.

Desde ese punto de vista, la publicidad succiona al hombre que se dedica a ella, lo amarra, lo compromete, lo lleva por la fuerza a pensar como animal publicitario. No hay alternativa, porque lo que la publicidad plantea es una acelerada lucha cuerpo a cuerpo, y entonces si el hombre que hace publicidad no está apasionadamente inmerso en el campo de la publicidad, sencillamente no está, deja de estar dentro de poco tiempo, porque no responderá a las exigencias de esa actividad.

Tiene sus encantos, incluso tiene sus características de ensayo, es una manera de ensayar la comunicación con las masas. Puede establecerse hasta qué punto uno incide en el pensamiento de las mayorías. En ese sentido es un magnífico campo experimental.

–¿Y cómo resuelves tú esa contradicción entre el escritor y el publicista?
–Yo jamás la he resuelto. Y no creo que se pueda resolver. Mira, si yo creyera que se puede resolver...

–Pero, es que en tu vida práctica de hoy día, haces literatura y publicidad, ¿no?
–Bueno, mira, en esa máquina de escribir tengo un soneto desde hace dos noches. Y estoy en el segundo cuarteto... pero yo no lo termino... (y su gesto se hace sonriente).

–Y en esa lucha del publicista y el escritor, ¿cuál tú crees que va a ganar la larga batalla?

–Creo que estoy perdiendo un tiempo precioso como escritor, pero en definitiva, me voy a olvidar del publicista y va a triunfar en mí el escritor. Va a llegar el momento en que podré quitarme los guantes y bajar del ring, y entonces dedicarme a hacer lo que yo quiero. No sé si sucederá más pronto o más tarde, pero mira, es un problema. Lamentablemente en la publicidad para crear se necesitan escritores. Y el escritor que se mete en publicidad, mientras está en eso, a mí que no me vengan con historias de que se puede hacer literatura, porque quien tiene la literatura como diversión, como pasatiempo, ese no tiene problemas. Pero el que lo ve en serio, con la gravedad que eso tiene, no puede, porque se niega una a otra. Incluso, el mejor texto publicitario, el más poético, es superficial hasta la saciedad. Y si haces poesía no le vas a vender a nadie. La publicidad tiene un fuerte contenido artístico, pero es arte a un nivel, al más epidérmico, más –ingenioso–, es lo *pop* del arte.

Pero hay algo que es bueno aclarar. A mí la publicidad no me compromete. Lo que compromete es mi tiempo, mi capacidad. Me gusta bárbaramente. Me atrae el reto de tener que decirle a la gente, convencerle de que haga cosas. Algunos interpretan que eso es abusivo, que genera necesidades ficticias, que pone a consumir a la gente...

–Y ustedes, ¿no hacen publicidad engañosa?

–Fíjate, la publicidad engañosa comienza cuando vas a la tienda y te muestras interesada por una tela y el que te la va a vender te dice que es la mejor, y la estira, la arruga... Es que la mecánica de la venta está en convencer al otro, y la publicidad trata también de hacerlo. Ahora, lo de engañoso a niveles dañinos, yo no creo que aquí se haga. Eso sucede en mercados más desarrollados, en Estados Unidos, Europa. Pero no cabe duda de que la publicidad se vale de ciertas sugerencias para apresar, convencer a la gente. Pero produce sus satisfacciones el ver que uno puede hacer que la gente se manifieste en el sentido en que uno quiere que lo haga. Y hoy puede ser en relación a un producto, pero mañana puede ser con otra cosa. Lo que vale es el ensayo y el uno saber que realmente usa medios objetivos, que sabe darle a la gente por donde la gente quiere.

> Sin dudas, René ha alcanzado la máxima aspiración de un publicitario, poseer su propia agencia. Retho, que así se llama, es el resultado de dos nombres: la primera sílaba de René, y de Thomén, apellido de su socio José Augusto Thomén.
>
> Y aunque nos gustaría seguir dialogando con René, porque muchas, muchas cosas se han quedado en el tintero, tenemos que despedirnos y desear para nuestros adentros, que su dedicación a la literatura sea muy pronto total.

Revista Serie 23, 1972.

EL ESCRITOR Y LA PUBLICIDAD
Victoria de Prentice

La progresiva absorción de los jóvenes valores de la literatura dominicana por las agencias publicitarias que operan en este país es un fenómeno que está llamando poderosamente la atención del público, el cual se plantea al respecto preguntas como estas: ¿Es realmente la publicidad terreno propicio para un escritor? ¿Cómo se conjugan las concepciones estéticas de un poeta o un narrador con las preferencias de un anunciante? ¿Es posible crear comerciales que promuevan la venta de aspirina, salsa de tomate o ron entre ocho de la mañana y cinco de la tarde, y escribir teatro, poesía o cuento desde las cinco en adelante? ¿No se resiente la labor literaria del quehacer publicitario?

El problema (suponiendo que exista) está planteado muy crudamente, pero así

es como lo ve el público, y por eso imagina que es problema. Y es que entre el "Cógele el pasito al 70" y "La noche se pone grande" hay una distancia tal que es difícil concebir; detrás de ambas creaciones una sola mente, en este caso la de René del Risco Bermúdez. No se trata solo de René del Risco, sino de un grupo ya bastante numeroso, en el que figuran Efraím Castillo, Rafael Vázquez, Iván García, Armando Almánzar, Rafael Agnes Bergés, Rubén Echavarría, Miguel Alfonseca... Hay más, pero los señalados son los que mejor responden al estudio del fenómeno, ya que fueron escritores antes que nada y se supone que todavía hoy son, ante todo, escritores. ¡AHORA! ha entrevistado en forma separada a cinco de ellos (Efraím Castillo, René del Risco, Iván García, Armando Almanzar, Rafael Agnes Bergés) que por tener diferente cantidad de tiempo trabajando en publicidad pueden ilustrar con sus opiniones las distintas etapas de desenvolvimiento de un escritor en ese campo.

GENERACION DEL 60 HACE PUBLICIDAD EN EL 70.

A excepción de Efraím Castillo, todos los demás escritores entrevistados han seguido una trayectoria similar en los últimos diez años. El que mayor conciencia de grupo po demuestra es Rafael Agnes Bergés, que se refiere a sus compañeros y a él mism o con "la generación del 60" o "el clan" (un clan que estaría compuesto por René del Risco, Iván García, Rafael Vásquez, Armando Almánzar, Miguel Alfonseca, Rubén Echavarría y el propio Agnes Bergés), y que hace notar las caracter ísticas comunes a todos ellos. Aunque la la inquietud literaria y artística fue lo que los unió, a partir de sus actividades en Ra dio Caribe, en que se dieron a conocer al público trabajando juntos, todos los miembros del clan se han dedicado sucesiva mente a la radio, a la televisión y a la publicidad, alternando estas actividades con la menos remunerativa de hacer literatura,

Otra característica común es que no han sido ellos quienes han buscado trabajar publicidad, sino las agencias publicitarias quienes les han hecho ofertas de trabajo. "No somos invasores, sino que nos atrajeron hacia esta actividad", señala Armando Almánzar, que desde hace seis meses trabaja en el departamento creativo de Publicidad Fénix.

Como tercera coincidencia, todos trabajan en los departamentos creativos de las diferentes publicitarias. Iván García, que dirige el de Publicidad Fénix, describe así en qué consiste su trabajo: "Nuestra labor es crear, proporcionar ideas para los anuncios y campañas publicitarias (a base de estudiar las posibilidades de un producto para plasmarlas seudo–artísticamente, hasta donde es posible ser artístico en la publicidad), escribir esos anuncios, y supervisar que los departamentos de arte (pintores, fotógrafos, realizadores de cine) capten la idea que uno ha tratado de dar y la realicen adecuadamente".

"Ahí es donde está el punto de coincidencia entre el escritor y el publicista", señala Armando Almánzar. Y en esto está de acuerdo con todos sus compañeros. "El trabajo de publicidad requiere mucha imaginación, porque hay que estar creando todo el tiempo, tratando de encontrar nuevas ideas y de comunicar esas ideas, y eso es muy parecido a la creación literaria".

¿POR QUE UN ESCRITOR?

Si fuera como dice Almánzar, cualquiera persona con imaginación podría desempeñar el trabajo. Pero las publicitarias están contratando escritores de teatro, de poesía, de cuentos, y debe haber alguna buena razón para ello.

"La razón es que dos escritores jóvenes, como René del Risco y yo, nos pusimos a hacer publicidad y creamos campañas que vendieron", explica Efraím Castillo, que es un caso aparte en el medio, porque no solamente es dueño de su propia publicitaria, "Extensa", sino que ha sido una de las personas que más ha contribuido a hacer de la publicidad una disciplina y no una actividad improvisada. Es también el que más tiempo y experiencia tiene en ese campo, en el que se inició en 1956 siguiendo un curso por correspondencia. Desde entonces ha seguido estudiando y enseñando, a través de cursos organizados por el Instituto Tecnológico Dominicano y Articiencia. Escribió una serie de artículos sobre publicidad en esta misma revista bajo el seudónimo de José Trigo, y está a punto de publicar el primer libro sobre publicidad preparado en la República Dominicana.

"Creo que fue el ejemplo nuestro el que animó a otros a seguir el mismo camino", dice Efraím Castillo, para quien su condición de escritor no ha sido una ayuda, sino que en ocasiones hasta ha obstaculizado su labor de publicista. "Yo creo que un periodista puede ser mejor publicista que un literato, puesto que el periodista está acostumbrado a usar el lenguaje en su función informativa, y la publicidad es simplemente información sobre la existencia de un producto en el mercado. El truco está en saber dar esa información".

De los entrevistados, él es el único en opinar así, ya que los otros cuatro sí consideran valiosa su experiencia literaria. "Se supone que el que escribe literatura domina el idioma, y puede por lo tanto escribir buenos anuncios", afirma Iván García. "La literatura vende ideas, a través de la publicidad vendemos productos. Hay relación, aunque naturalmente la literatura es superior

"En un trabajo como éste se necesita saber de todo", explica Rafael Agnes Bergés, que dirige el' Departamento Creativo de Publicitaria Dominicana. "Mi experiencia escribiendo teatro, por ejemplo, me ha servido mucho para preparar los guiones de cine necesarios para ciertos anuncios".

En general, el dominio del idioma, ya sea como poeta, dramaturgo, cuentista o periodista, resulta ser una de las condiciones que explica la demanda del escritor por parte de los medios publicitarios.

LITERATURA Y PUBLICIDAD: ¿COMPATIBILIDAD O CONFLICTO?

La publicidad es una actividad que tiene un fin eminentemente lucrativo, y en la que cada centavo de inversión debe rendir el beneficio calculado. "En este trabajo se brega con intereses económicos muy serios", señala René del Risco Bermúdez, que está dedicado a la publicidad desde hace cinco años y que hoy es director del departamento creativo de Young and Rubican Damaris y vice–presidente de esa misma compañía. "Este no es un juego, sino un trabajo en el que hay que responder profesionalmente".

Por lo mismo, cada anuncio o campaña publicitaria tiene como base un estudio de las posibilidades del producto que se va a promover, de las características del mercado, y de los gustos e idiosincrasia del potencial público consumidor. Todo esto proporciona al publicista una serie de puntos de referencia. Pero es evidente que a partir de unas condiciones dadas es mucho lo que el creador puede poner de sí mismo, de acuerdo a su imaginación, su capacidad creadora y su gusto personal. Y es en este punto donde se plantea para el público la incógnita. ¿Cuánta libertad de acción tiene un publicista? ¿En qué medida intervienen en el trabajo publicitario las concepciones artísticas de los jóvenes escritores que lo desempeñan?

Por lo pronto, el factor "gusto" o "calidad" tiene en publicidad un sentido distinto al que se le da en literatura. "La calidad de una campaña publicitaria la determinan las ventas que esa campaña promueve", dice rotundamente Efraím Castillo. Según él, "si una campaña vende, es buena".

Armando Almánzar también es determinante en su opinión: "El anuncio debe llegar a una gran cantidad de público, y en ese sentido no tiene que ser artístico", expresa. "Deben diferenciarse bien publicidad y arte, y olvidarse de una cosa cuando se está haciendo la otra".

Para Iván García esto no es tan fácil. "Uno es siempre un poco Quijote y donde quiera que se mete trata de arreglar un poco las cosas", dice. "Precisamente la mayor importancia que yo veo en el hecho de estar trabajando en publicidad es la posibilidad de mejorar un poco el nivel de los anuncios. Eso no se puede lograr de la noche a la mañana, porque muchos comerciantes están acostumbrados a un anuncio barato, vocinglero, ultrasexual. Estamos todos tratando de poner un poco más de arte, de cultura, en el anuncio. Y espero que a medida que vayamos saliendo de nuestro subderarrollo, también esto se notará en la publicidad".

En su opinión, la publicidad puede ser un vehículo de cultura, aunque para hacer una verdadera labor cultural por este medio se necesitaría el apoyo de un gobierno que prohibiera los anuncios de mala calidad. "En una sociedad de abierto capitalismo, donde se puede vender cualquier cosa, esto es más difícil", observa Iván García.

Este criterio de utilizar a la publicidad como vehículo de cultura ha tenido ya una realización concreta en la campaña preparada por el departamento que García dirige para el Banco de Reservas, que ha venido auspiciando exposiciones artísticas, grabaciones de música dominicana, y que tiene convocado un concurso literario. Asimismo, la campaña de introducción de una marca de ron a base de parejas vestidas a la usanza de épocas distintas fue un anuncio más elaborado de lo corriente, que puso una nota de colorido buen gusto en la publicidad. "Tenemos que tener en cuenta el gusto del público, pero si le obligamos a hacer un pequeño esfuerzo ese gustó irá mejorando, y esa es ya justificación suficiente a nuestra presencia en esta actividad", dice Iván García.

Aunque todos los escritores–publicistas afirman gozar de una gran libertad de acción, en última es el anunciante quien da su aprobación definitiva al anuncio, y el que, al escoger entre las varias ideas que se le presentan, puede no elegir la mejor, y rechazarlas todas. "Esto a veces resulta decepcionante", comenta Agnes Bergés, "pero como el dueño y señor es el patrocinador, hay que transigir, o tratar de convencerle de que se decida por lo mejor, lo que a veces se logra Así, las ideas que los departamentos creativos de las publicitarias exponen a los anunciantes tienen éxito en la mayoría de los casos, y llegan a realizarse como anuncios.

En la práctica, afirman los cinco entrevistados, una y otra actividad se diferencia claramente, y es por eso que el cultivo de ambas no les plantea conflictos de ninguna clase. Todos insisten en que la publicidad d es una actividad muy estimulante, que incluso proporciona ideas para la creación literaria, hasta el punto de que no es extraño encontrar sobre sus mesas de trabajo textos literarios a medio escribir o pendientes de creación.

Con todo, y a pesar del entusiasmo con que estos cinco escritores hablan de su trabajo publicitario, queda siempre la duda de si harían ese trabajo en caso de poder elegir, o escribirían solamente...

„Nuestra presencia en el campo de la publicidad es producto de una realidad tajante y de una inclinación a transigir ante la necesidad de tener que vivir de algo", considera René del Risco. "Se toma la publicidad porque permite vivir desarrollando una labor creativa. Pero ningún escritor que tome en serio su responsabilidad puede encontrar en la publicidad su paraíso sin que se le planteen problemas de conciencia sobre su responsabilidad ante la sociedad".

"La razón económica es de mucho peso", admite Iván García. "En este país como literato no vive nadie, y hay que reconocer que la publicidad es una profesión que no sólo deja tiempo para seguir escribiendo, sino que le remunera a uno mucho mejor que cualquier otra. Yo he tenido varios tipos de trabajo fuera de la literatura, y este de la publicidad es uno de los que mejor me permite seguir con la literatura. Eso tiene a su favor".

"A todo el que le gusta escribir, le gustaría vivir escribiendo únicamente", hace ver Armando Almánzar. "Pero no sólo aquí, sino en muchas partes del mundo, son muy pocas las personas que pueden darse el lujo de dedicarse a escribir solamente, a no ser que se trate de personas muy conocidas y con muchos años de labor. La mayor parte de la gente que empieza, sobre todo en América Latina, trabaja en editoriales, como correctores de pruebas, en periódicos, en universidades... Aquí el problema se agudiza. Sería bastante inocente pensar que uno va a vivir de unos cuantos cuentos escritos, o de un libro publicado.... Tanto yo como mis compañeros hemos tenido la oportunidad de encontrar trabajos afines– con nuestra actividad de escritores, y la publicidad es uno de los que mejor permite seguir escribiendo, porque requiere mucha imaginación. Es una actividad que renueva al individuo, que nunca aburre".

El peligro no es que aburra, sino que absorba demasiado, ya que cuando se anda en busca de una idea la mente no deja de trabajar al cerrar la oficina, sino que sigue dando vueltas al mismo problema hasta encontrarle solución. El más consciente de este peligro parece René del Risco, a quien sus cinco años de experiencia publicitaria han proporcionado muchos éxitos y también muchas enseñanzas.

"Enfrentando la necesidad de tener que ganarme la vida, me encanta la publicidad", dice, "ya que es el campo más afín con la literatura. Es un terreno fascinante, y de ahí precisamente su peligro para el escritor. Uno llega a interesarse tanto en este tipo de trabajo que no piensa en otra cosa. Y hay que estar alerta, porque si uno se engaña acerca de lo que este trabajo es, se frustra. Es necesario mantener encendida la tea del escritor. Por eso, aunque me alegro de que seamos tantos los que trabajemos en publicidad, porque así tenemos la oportunidad de estar juntos en otra actividad, yo invito a mis compañeros mantener la idea de que somos antes que nada escritores, y por escritores es que se nos abrieron las puertas de la publicidad. Como tales, tenemos una gran responsabilidad".

Del Risco advierte otro peligro, y es que si el escritor no se cuida, la publicidad puede contaminarle de superficialidad. Además, el conocimiento que se adquiere acerca de qué resortes hay que mover para producir en la gente determinadas reacciones es sumamente peligroso, dice, ya que ello podría llevar al escritor a hacer una obra complaciente, que busque únicamente gustar.

Los más nuevos en este trabajo no advierten peligro alguno en el mismo, y no sienten que hasta ahora su labor literaria se haya resentido por su actividad publicitaria. "Yo, cuando salgo de mi oficina cierro con candado todo lo que tiene que ver con publicidad, y soy otra persona", afirma Iván García. "Diariamente escribo. Mi trabajo publicitario no interfiere en absoluto en mi trabajo literario".

"Nos sentimos ante todo intelectuales, y podemos diferenciar perfectamente la publicidad de la labor personal", asegura Agnes Bergés. "Lo que sucede es que la publicidad nos proporciona estabilidad de trabajo' en una actividad más afín con nuestra vocación que cualquier otra. Es un mito que el escritor puede vivir en función de su literatura seria, aquí, en la República Dominicana. Yo estoy escribiendo más desde que trabajo en publicidad".

Sólo el tiempo dirá hasta qué punto es posible separar ambas actividades en forma tan nítida que una no influencie a la otra, y para ello será necesario hacer un minucioso análisis de la producción literaria de los escritores–publicistas. René del Risco, por lo pronto, confiesa que su último libro de poemas, "El viento frío", acusa la influencia de su actividad publicitaria aunque aclara que el no haber seguido publicando poemas o cuentos en los últimos tiempos no es porque esa actividad se lo impida en modo alguno (ya que sigue escribiendo cuentos) sino por las dificultades editoriales con que cualquier escritor choca en este medio. (La Monte Ávila, de Venezuela, tiene en preparación un libro de relato este autor, a quien los editores escogieron entre otros narradores dominicanos).

UNA PUBLICIDAD MAS DOMINICANA

Hay un aspecto de la publicidad que se viene haciendo en los últimos tiempos en el que ya se nota positivamente una nueva orientación, y es la importancia que se da a lo dominicano, tanto en la elección de los temas de los anuncios como en el empleo de material criollo para la realización de esos anuncios.

"Se está haciendo cada vez una publicidad más dominicana, se está reafirmando nuestra personalidad con mucho éxito", hace notar René del Risco, e Iván García insiste sobre lo mismo: "En el tiempo que yo tengo trabajando en publicidad, todo el material que usamos es nacional. No lo hacemos solo por el hecho de favorecer lo dominicano, sino por demostrar que lo nuestro vale". Y Armando Almánzar añade: "Queremos tratar de hacer las cosas aquí, para que al mismo tiempo que se hacen se vayan mejorando".

Esa es la tónica en las publicitarias que emplean escritores en sus departamentos creativos. Dibujos, películas, textos, música, todo se prepara en el país. Las películas en color todavía se revelan en el extranjero, y tampoco se hacen acá las películas de dibujos animados, pero la tendencia es ir produciendo todo el material publicitario a base de los elementos humanos y los materiales que el medio ofrece.

Además de su aporte profundamente dominicanista, ¿hasta qué punto se refleja la participación de este grupo de jóvenes escritores en la calidad de la publicidad? Esta es una pregunta que sólo el público podría contestar. Y aunque es quizá demasiado pronto para sacar conclusiones, una cosa es ya evidente: existe una conciencia clara acerca de la enorme influencia que la publicidad tiene sobre el público, y un patente deseo de utilizar esa influencia en la forma más positiva posible. Esto, de por sí, es motivo suficiente para saludar con beneplácito el advenimiento de los escritores–publicistas.

| Ahora!, núm. 338, 4 de mayo 1970, pp. 68–72, 76.

HAY UN ESTANCAMIENTO EN LA LITERATURA CRIOLLA
Pedro Caro

¿Tú crees que hay un estancamiento en la literatura dominicana, como afirman muchos?

Yo creo que realmente si hay un estancamiento, y ese estancamiento es producto de la realidad política. Así como fue a partir de la muerte de Trujillo que comenzó a florecer ese movimiento literario que luchaba por desembarazar la literatura de las lacras del régimen del tirano; ese movimiento de la generación de escritores que a partir del año 60 comenzó a remover los falsos altares de la cultura trujillista, y así como también fue a propósito de la guerra de Abril, cuando ese movimiento realmente se enriqueció, nutriéndose de las mismas circunstancias políticas del momento, así mismo hoy al producirse la trabazón que significa el régimen actual, ese movimiento literario experimenta un momento de inercia, quizás debido a que en el momento la confrontación se opera fundamentalmente en el campo político.

Pero de todos modos, aun cuando no soy de los que creen que el escritor debe esperar la existencia de condiciones magníficas para hacer su trabajo, si creo en las influencias que la realidad política circundante pueda ejercer, sobre todo, en un movimiento literario como el dominicano, que todavía se halla en su fase primaria de desarrollo.

¿A qué circunstancias atribuyes tú la profusión en mayor cantidad de la poética que de la narrativa en nuestro país?

Para nosotros conocer a los escritores que nos precedieron el número más representativo lo hallamos en la poesía.

Y es que en el relato, en la novela aun cuando hubo quienes antes que nosotros, incursionaron con mayor o menor propiedad en ese campo, ahora es cuando nos vemos realmente enfrentados a la tarea de tener que hacer la narrativa dominicana.

¿Qué opinión te merece la protesta en la literatura?

Yo creo que la literatura, para nosotros, más que para nadie, los que vivimos en un mundo que necesita sea redimido es un instrumento de combate, un medio de lucha.

En un caso, puede ser crítica, en otro rescatar, y en otro podría ser protesta. Pero definitivamente no creo que debe enmarcarse en los límites de la protesta.

El asunto, en términos de literatura se plantea como en una batalla: no todo el mundo dispara desde el mismo ángulo, aun cuando sólo se dispara al enemigo.

¿Qué escribes más ahora, poesía o narrativa?

En la actualidad yo estoy empeñado en escribir, nada menos; pero lo hago en serio, que conste.

Desecho, para ello, lo más o menos ingenioso; los trucos, esos juegos mentales que no son más que calistenia cerebral, en que muchos se confunden cuando quieren confundirnos.

Mi novela será mala, pero llena, con muchas caras, como la propia vida, pero, sobre todo, sincera, porque en ella no trato más que contar cosas sucedidas.

¿Y cuándo te ha tocado protestar, en qué genero te ha sido más fácil de la poética y la narrativa?

Hasta ahora lo he hecho en ambos géneros.

Ahora, críticas, creo que lo he logrado mejor en el relato, en el cuento.

¿Tú crees que exista la crítica en el país; por lo menos una crítica seria y fundamentada?

No. Para mí no existe. Pero debo decir que no creo que sea necesario, aunque si útil.

Me parece que la crítica deberá venir después. Porque la verdad es que si todavía no estamos haciendo mucho, no hay que criticar. Se correría el riesgo de colocar obras y autores en lugares en que mañana, con el propio desarrollo de nuestra literatura, no estarán.

Por eso creo que aún hay que esperar un poco; que a la par que escribimos, deben irse preparando los señores críticos de un poquito más tarde.

Ahora bien, la crítica, la poca crítica, eso que llamamos crítica actual, adolece de lo mismo adolecen los escritores: inmadurez, emotividad, insegura perspectiva, y flaco dominio de su trabajo.

No obstante, entre nuestros críticos actuales, como en nuestros escritores actuales, creo que hay gente con talento, y muy seria.

Unos serán nuestros escritores, los otros nuestros críticos.

¿Ha beneficiado en algo a tu literatura tu condición de publicista, o, acaso, te ha proporcionado algún beneficio tu oficio de escritor a la creación de campañas publicitarias?

Yo no me atrevería a decir si la literatura beneficia mi condición de publicista, o viceversa.

Pero de lo que estoy seguro es de una cosa: mi trabajo de publicista no le ha hecho ningún favor, sino que le ha restado muchas horas de dedicación al escritor.

Debo señalar que hago un esfuerzo, a veces inefectivo, para escapármele a las agitadas aguas del trabajo publicitario, y venirme a tierra a hacer literatura.

¿Cuál experiencia has sacado como compositor de letras de canciones populares?

Eso es algo, y lo digo por primera vez, que lo hago a pesar mío.

Tengo amigos músicos que me piden que les escriba letras; casi siempre le digo que no utilicen mi nombre, pero ellos se niegan.

Yo los complazco. Les escribo la letra y salen esas canciones que luego se dicen "letra de René del Risco".

Realmente la tarea no es ingrata, porque a mí me gusta probarme como escritor, a todos los niveles. No miro con desdén ningún medio que me permita expresarme como escritor. Me interesa y me gusta probarme en el sentido de si puedo llegar justamente a la gente, no importa escribiendo qué. Así mismo me agrada cuando creo una campaña publicitaria como el "queriquichi, queríquicha" de un jabón de lavar, que la gente repite, o el jingle de una margarina; Como cuando escribo una canción que la gente respalda en un festival, como cuando publico un cuento del que más tarde me habla el hombre que atiende una barra o un poema que se discute en un club cultural de la ciudad capital, o un soneto que alguien más tarde me refiere.

En fin que yo escritor me he impuesto una misión, llegar a la gente, porque creo que a la gente hay que decirle muchas cosas; cosas que quizás no se dicen ni en un jingle publicitario ni en una canción de festival, pero que se las dice por otro medio que a través de esos medios le pudo llegar, también le llegarán y yo escribo para esas gentes.

¿Volviendo sobre los primeros pasos de esta entrevista, cuál sería, a tu entender, la actitud que deben tomar los escritores para destruir con el estancamiento que existe en la literatura, según palabras tuyas?

El asunto es sencillo: más bien está en trabajar.

Por ejemplo, yo no soy de los que creen que literatura y política se excluyen, que hay gente que así piensa porque le conviene; pero hay el caso de muchos grupos culturales que se han manejado de esa manera, más bien como grupos políticos, y creo que eso ha hecho mucho daño.

Como se sabe, actualmente nuestras fuerzas políticas de avanzadas están atravesando por un doloroso proceso de enfrenamiento, de choque a veces sangriento, que no me cabe la menor duda que desembocaría en la definición de nuestro propio y auténtico frente de lucha.

Pero porque los grupos culturales, a los cuales me referí anteriormente, sean vistos como tales, atrapados en el fragor de ese proceso, padecerán también del reflujo que acontece en la esfera propiamente política.

Decía ahorita que no creía que literatura y política se negaban, pero los que hacemos literatura, aún que tenemos posiciones política definidas, no podemos permitir que nuestro trabajo se vea debilitado por las circunstancias que rodea nuestra política.

Nosotros no podemos perder de vista que el arma que hemos elegido es justamente la literatura, y que definitivamente el avance de las ideas en nuestro medio tiene un frente de lucha en los escritores.

De ahí que la solución del problema es trabajar, pero trabajar en serio, con sensatez, dejando a un lado el figureo literario que tanto daño nos ha hechos.

El asunto es, empleando una expresión más o menos común, sentarse a escribir. Que muchas cosas están sucediendo que deben ser narradas por nosotros. Está bien que por el momento en la República Dominicana muchas puertas están cerradas, pero a la luz de una vela también se escribe.

¡Ahora!, núm. 388, 19 de abril de 1971, pp. 60-61.

RENÉ DEL RISCO BERMÚDEZ VIVIÓ INTENSAMENTE PARA LAS LETRAS Y LA GRAN CAUSA DE LA LIBERTAD
Ángela Peña

Estuvo apenas treinta y cinco años en este mundo pero, en tan breve tiempo, combatió con ardor y sin temores la tiranía trujillista, luchó en la revolución constitucionalista de abril de 1965, publicó narraciones, poesía, fundó grupos literarios, compuso canciones, creó empresas, produjo populares programas en la radio y la televisión y dejó a su descendencia el legado de su sensibilidad humana y el regalo de sus lauros pues su canto, sus cuentos, sus versos originales, superiores, enriquecedores, hermosos, merecieron el reconocimiento general.

La tiranía lo persiguió con encono hasta lograr capturarlo el veinte de enero de 1960. En la cárcel La 40 sufrió la tortura de la silla eléctrica y su cuerpo quedó marcado para siempre con las cicatrices de los azotes en la espalda y las oquedades en las piernas por los cigarrillos que sus verdugos apagaban en su carne tierna.

Tuvo un segundo nacimiento, al parecer de su madre, el catorce de julio de 1960 cuando fue liberado de esa mazmorra. Pero la calle resultó más peligrosa que la prisión por los esbirros y espías que lo vigilaban y acosaban y fue preciso enviarlo a Puerto Rico el once de octubre. El exilio no detuvo sus ímpetus patrióticos. Junto a Antonio Zaglul, Miguel Feris Iglesias y otros combatientes contra la dictadura continuó su campaña denunciando las atrocidades del régimen hasta 1962 cuando retornó a la Patria para seguir enfrentando desigualdades e injusticias sociales en el Movimiento Catorce de Junio. "Acusado por la misma pandilla de bandidos" debió abandonar Macorís y radicarse en Santo Domingo.

René del Risco Bermúdez agotó con intensidad sus escasos años en la tierra. Doña América, la progenitora de frágil cuerpo y espíritu indomable, aliada del hijo que apoyó sus ideales, dice que él vino a completar la misión de su abuelo, el excelso poeta y apasionado nacionalista Federico Bermúdez. Cuando una llamada telefónica interrumpió la existencia del incansable cantor de amores y pasiones, en diciembre de 1972, recordó que en varias ocasiones él había anunciado que dejaría de existir justo a esos años. "Nadie muere a destiempo. René fue un predestinado. Venimos con los días contados. Él vino a cumplir una misión: prestar su concurso a la causa del pueblo, defender sus derechos. Desde muchacho lo predijo: yo voy a morir a la misma edad de mi abuelo Federico". Las vidas de ambos guardan asombrosos paralelismos.

Doña América Bermúdez Escoto, maestra, historiadora, escritora, furibunda antiimperialista y antibalaguerista, recuerda con esplendidez todos los detalles de la vida de René, desde que lo trajo al mundo en San Pedro el nueve de mayo de 1937. Su primera escuela fue la de la señorita Rosa Elena Vilomar. En 1943 estuvo entre los alumnos fundadores de la Anexa a La Normal y apenas en un año fue promovido a quinto curso. Inició bachillerato en la Normal Superior José Joaquín Pérez, „con no poco trabajo de mi parte pues él y Agustín Perozo decían que no iban a estudiar francés ni religión porque ni Barón del Giudice ni Federico Nina (prestigiosos abogados macorisanos) sabían francés, y vivían muy bien, y ellos no iban a ser curas". Amenazado con un „entonces vas a trabajar donde Simoncito Haché", presentó las asignaturas. Pasó entonces a la Universidad de Santo Domingo a estudiar Derecho, interrumpido al tercer año pues "se enroló en la política contra Trujillo".

"Ya en La Normal había tenido problemas porque hablaba bien de Fidel Castro. Cuando cayó preso, decía que era el prisionero más distinguido de San Pedro de Macorís. Se puso un traje que había estrenado el día de Pascuas, lo fue a buscar el gobernador José Roca Castañer y de la fortaleza a La 40 lo llevaron en el yip del comandante del Ejército, esposado junto a Papilín, un seminarista de La Romana que desapareció". Doña América esperaba ese momento. „Cuando vino con Danilo Aguiló a decirme que ya habían caído Frixo Messina, Julio Escoto, Manolo Tavarez, les dije: pues prepárense, que yo estoy preparada. El que no sabía nada era el papá, yo no, yo fui su cómplice. Estuve un año sin salir para oír los programas de Cuba y Venezuela y tenerlos a ellos al corriente de todo". El padre de René era Víctor René del Risco Aponte.

„En los seis meses que estuvo preso, recé todos los salmos de la Biblia. La gente se admiraba de mi seguridad cuando salí a anunciar: ¡Ya se lo llevaron! Les decía que yo lo esperaba, y si ya estaba hecho, sólo quedaba pedir a Dios que saliera bien. Iba a verlo los domingos, a veces no les daba la gana de dejarme entrar. Cuando lo soltaron le pedí: ¡No me digas lo que pasaste, que busco uno de esos calieses y lo mato!".

EL INTELECTUAL

René del Risco casó el ocho de enero de 1961 con Altagracia Musa Grunning, que le acompañó al destierro, donde nació su primogénita, Minerva. Luego tuvieron a René Miguel, fallecido días después de su venida al mundo. En 1970 casó por segunda vez con Victoria Bobea Amor, madre de René Ernesto.

Doña América comenta: „no es porque está muerto, René tenía un alma blanca, se compadecía del dolor de todo el mundo, no dañó a nadie. Se quitaba las cosas de encima para ayudar al otro". Considera que "era bastante agraciado, color trigueño, claro, cabello negro, de un perfil muy bonito y de una boca que llamaba la atención. A pesar de que no era alto, era elegante".

"Comenzó a escribir desde muy joven. Minerva, su hija, conserva el original del que hubiera sido su primer libro, *Nenúfares*, cuenta. También actuaba en veladas infantiles y componía canciones. Escribía en el semanario El Este, dirigido por Javier Martínez, y sus poemas fueron leídos en Nueva York, en el espacio La noche es joven. Organizó además, el programa Atardecer, en HI1J, "que tenía como fondo el vals Candilejas" y trabajó en HIN con el programa Montecarlo. Fue fundador y conductor de Sábado de Ronda, en Radio Televisión Dominicana.

Trabajó en las publicitarias Bergés Peña y Young and Rubicam y en septiembre de 1972 se unió a José Augusto Tomen para fundar la publicitaria Retho. Previamente había laborado en la secretaría de Agricultura y en la Ferretería Reid, "pero lo dejó porque ¿tú te imaginas a René vendiendo tornillos?", se pregunta doña América.

"En la guerra de 1965 se metió en la zona constitucionalista, en el departamento de Prensa del gobierno de Caamaño, con Miñín Soto. Iba a verlo todas las semanas, como su cooperadora, para alentarlo. Los reaccionarios de aquí lo mataron dos veces, en el asalto al Palacio y en un bombardeo en la 30 de marzo. Me trasladé a Santo Domingo con una vela y una caja de fósforos en la cartera, pero eran mentiras".

La vida literaria de René es del absoluto dominio de doña América. Ese conocimiento no se limita a sus años juveniles. Al concluir la contienda bélica, explica, fundó el grupo El Puño, con Ramón Francisco, Miguel Alfonseca, Marcio Veloz Maggiolo, los hermanos Echavarría... En 1966 le premiaron el cuento La máscara, "porque entonces se dedicó a la narrativa". Otras obras de René son Ahora que vuelvo, Ton, El viento frío, En el barrio no hay banderas, Del júbilo a la sangre, El cumpleaños de Porfirio Chávez. En 1981 se publicó Cuentos y Poemas Completos, con prólogo de Ramón Francisco. Del Risco participó en diferentes festivales de la canción en los que sus composiciones alcanzaron primeros lugares.

La noche del diecinueve de diciembre de 1972 se encontraba con un grupo de amigos en el restaurante El Dragón, que estaba en los bajos de donde vivía Miñín Soto, recibió una llamada y se levantó intempestivamente. En la denominada Curvita de la

Muerte, de la George Washington, chocó con un camión cargado de habichuelas. Murió en el hospital Lithgow Ceara. El doctor Castellanos me anunció: "bregamos hasta lo imposible para salvarlo, pero llegó en estado agónico. Me tocó consolar a Victoria, a René, el papá, pero fue un golpe duro, inolvidable. Díos prepara a la gente: me dio poco cuerpo, pero mucho espíritu. Al año y medio enterré a mi esposo, víctima de un cáncer".
„Creo en la reencarnación, pienso que él reencarnó el espíritu de Federico Bermúdez. Parece que él vino a terminar la obra de su abuelo".

| *Hoy.* Domingo 9 de marzo 2003. Santo Domingo.

RECORDÁNDOTE, RENÉ DEL RISCO, CLARO, A MI MANERA
Freddy Ginebra

Siempre quise escribir sobre René pero no sabía como hacerlo. No soy crítico literario y ya sobre él, los entendidos le han dado su puesto en la literatura dominicana. Apenas fui uno de sus lectores más fervientes, pero pensé que quizás dentro de estas manualidades que escribo cada domingo, encajaría como parte de mis vivencias inolvidables. Hablaría de René el amigo, que creo es tan importante como su valoración de escritor y artista. A mi juicio mucho mejor, pero bien, allá cada quien.

Todavía a estos años de su partida, el dolor de su muerte me duele. Cada 20 de diciembre lo recuerdo y lo imagino en su eterna juventud. No te has puesto viejo René, tal como lo habías planeado. A René lo conocí gracias al trabajo. Estábamos juntos en la agencia de publicidad y entablamos una amistad que fue creciendo con el tiempo. Con loa días y el trajinar de las obligaciones fui descubriendo que aquel amigo tenía un talento desbordado, excedido.

Disfrutaba las tardes cuando filosofábamos sobre cualquier tópico. Un tema de un futuro cuento, la vida social dominicana, la revolución del 65, la gente y sus sorpresas, sus conquistas anónimas, la vida, la muerte, sus sueños, aquella novela que había comenzado a escribir y cualquier otra cosa que precisara de una reflexión inteligente. Envuelto siempre en el humo de su cigarrillo hablaba con propiedad, impresionándome.

Eran tiempos donde las posiciones políticas estaban bien definidas. La izquierda era la izquierda y la derecha la derecha. Defendía sus ideas como si con ello estuviera defendiendo la vida, con rabia y obstinación. El destino le había jugado más de una mala pasada y su llegada al mundo apasionante de la publicidad, le mantenía deslumbrado. Disfrutaba día a día de sus pequeños triunfos, de la facilidad de palabras e ingeniosidad de sus textos. Del poder creativo de sus campañas, de la posibilidad dentro del mundo creativo, tanto para hacer un jingle con el maestro Solano, como producir el mejor de los comerciales.

Dueño de un verbo ilustrado, inteligente presentador de televisión. Tenía una colección de trajes cruzados y naturalmente exquisitas corbatas de seda. "Es que pasamos mucho –me dijo un día justificando la elegancia y lo presumido que era y agregó–. La vida te va dando lecciones y tienes que asimilarlas y aprender de ellas". La publicidad era algo natural en él. Las campañas le surgían fácilmente y siempre tenía un punto de vista diferente de cómo encarar los retos y demandas de nuestros clientes sorprendiendo con ideas frescas y muy sagaces. Disfrutaba en cada una de sus presentaciones donde el elemento sorpresa era parte de la estrategia.

Bohemio confeso. Coleccionista de amaneceres. Recuerdo un día en que tanto él como su carnal Miñín desaparecieron. Damaris estaba muy nerviosa pues habían salido una tarde y al otro día a eso del mediodía, aun ambos estaban extraviados en el misterio de la noche. Recibí una llamada. "A Freddy que venga de inmediato. Le tengo el descubrimiento más importante del momento". Yo, junto a Héctor Herrera conducía y producía un programa de televisión que se llamaba "Gente" y cada sábado presentábamos nuevos talentos. La voz aguardentosa de René me respondió al teléfono. Estaban en casa de su novia Victoria y a esa hora aún no se habían acostado. "Corre, ven rápido –me ordenó René–, tenemos aquí la voz que necesita este país. En tu vida has escuchado a nadie igual".

"¿Quién es?" –pregunté.

"El nombre no te dirá nada, no lo conoces, nadie lo conoce, es un muchacho de Higüey, de apellido Sepúlveda, no preguntes tanto y sal para acá de inmediato".

Colgaron. Victoria vivía en las inmediaciones del parque Independencia, la oficina estaba en la calle El Conde, no tenía carro y me fui caminando. Cuando llegué a la casa que era en un segundo piso, ya desde la escalera escuchaba las notas de la guitarra y la expresión de Miñín cuando decía: "¡Es que esto no tiene madre!" y luego un choque de copas.

Toco la puerta, entro y sentado en un taburete descubro la sonrisa espléndida del nuevo talento. "¡Fredesvinda! –me dice Miñín (cuando bebe lleva a femenino todos los nombres, la Renélia, por René, la Alfonseca por Miguel y etcéteras)–, sientate ahí y no hables". Obedezco y el joven cantante, un moreno de amplia sonrisa me mira tímidamente. "Dispárale una canción para que lo mates del corazón".

Y por saludo comienza la primera balada. De inmediato percibo el feeling del intérprete. Es un artista nato, me impresiona por el juego y los matices de su voz. Me dejo envolver en esa y las siguientes canciones y sin darme cuenta me olvido del mundo y me convenzo de que realmente estoy frente a un gran artista. En ese mismo instante decidimos llevarlo al próximo programa "Gente" y de repente comenzó la historia de uno de los mejores baladistas dominicanos. Desde allí me fui a Torrey, una tienda de caballeros que había en la calle El Conde a buscarle unas camisas y unos pantalones para la presentación.

El sábado siguiente, República Dominicana quedó seducida por la voz de Fausto Rey. René siempre me lo sacaba en cara. "Dile a la gente quien te lo presentó, dame mi crédito".

Me sentía privilegiado cuando participaba de estas aventuras. Nada me hacía más feliz cuando al final de cualquier tarde me llamaba a su oficina para leerme su último poema o el cuento que faltaba por pulir.

"Dime que te parece –y comenzaba–. Estas manos mías que no han hecho nada simple, temblorosas, como las de un ciego manos siempre abiertas. Estas manos mías limpias, inocentes. Yo te las entrego. Esta melancólica, pequeña sonrisa. Ingenua sonrisa de muchacho malo. Esta mueca triste de mi boca simple como una palabra: yo te la regalo..."

Escribía en su maquinilla con dos dedos con una rapidez sorprendente y luego corregía con la mano izquierda y me lo daba a leer escrutando mi rostro para saber si de verdad me había gustado. René hablaba a veces en parábolas, una vez me dijo dramáticamente que moriría joven, es más, hasta se atrevió a decir el año, "no paso de los 33".

No le hice caso y le dije que lo que sucedía era que le aterraba la vejez. Yo al contrario disfrutaría envejeciendo en una mecedora contando mis historias e inventándome otras (no, no se asusten, esto es verdad). El me miraba serio y yo le decía que quien mucho repite lo malo, la desgracia lo acecha y se cumple. Ahí quedaba el tema.

Era tremendamente presumido, impecablemente afeitado, bien peinado y con un discreto olor a Vetiver. René aprendió a disfrutar de las mejores bebidas. El ron primero, el whisky alguna vez y una larga temporada de Remy Martin. Tenía una necesidad imperiosa de escribir y a veces se encerraba en su oficina cuando alguna idea lo apasionaba y enfebrecidamente trabajaba en ella y hasta que no estaba satisfecho no la abandonaba. Luego como si hubiera conquistado lo más preciado, celebraba.

Teníamos un juego que practicábamos constantemente. "Inventemos", me decía y frente a la persona que fuera, le tejíamos su historia. Él o yo comenzaba y el otro seguía hasta terminar en carcajadas. Yo hacía tremendos esfuerzos por sorprenderle creativamente y lo mismo él.

"Ha desaparecido su padre", por ejemplo, hablando de alguien que nos visitara y no conocíamos, yo continuaba. "Nunca se ha sabido nada, pero el trauma le impide comer cangrejos" y desde allí, él retomaba la historia y así pasábamos el tiempo disfrutando las locuras que se nos ocurrían.

Trabajamos en muchos comerciales juntos. Él era el director junto a Carmelo Rivera, yo el *utility*. Juntos en los casting, buscando escenarios, combinando ambientes y reclutando la gente más divertida del país. Tiempos de risa y diversión. A través de René conocí otros amigos de su Macorís del mar, a su madre, doña América a Iván, su hermano, me hablaba de sus tiempos de cárcel, de sus miedos, del último libro que había leído y algunas veces, omitiendo el nombre, de sus amores y conquistas. Más que consumar, conquistar. Sus eternos amigos y compadres, Danilo Aguiló y Miguel Feris, la historia de la 40, las marcas de las torturas en su espalda, el 14 de Junio, su primera canción, sus idas al Molino Rojo en la calle El Conde a terminar el día y beberse todos los tragos hasta descubrir el amanecer, cigarrillo tras cigarrillo.

Cuando leí su cuento "Ahora que vuelvo Tom", la emoción fue tremenda y así se lo hice saber.

"Eres un gran escritor", le dije.

"¿Tú crees?" Me preguntó mirándome a los ojos.

"Tú lo sabes", le dije y sonrió complacido.

Minerva su hija, era orgullo permanente, su niña, su tesoro. Luego la vida le regalaría a René, su otro hijo y ya estaría completo. Me hablaba de hacer un programa de televisión juntos, eso fue la última vez que nos reunimos en el Vesuvito con el común amigo Carmelo. "Lo voy a pensar", le dije.

"Seremos los mejores. Tú tienes cosas que yo no tengo y viceversa", apuntó.

Eso fue en diciembre de 1972, poco antes del día en que nos dejaría para siempre. Nobel, Miñín y José Augusto serían los últimos amigos en verlo aquella noche en el Dragón un 20 de diciembre. Celebraba la vida sin saber que le acechaba la muerte. Se retiraron a las doce de la noche. Nobel, Miñín y José Augusto se fueron a sus casas y René a cumplir su promesa de morir joven.

Me corrijo, mueren solo los que se olvidan, René no ha muerto, no puede morirse. René está con su mano tendida donde habita la más pura poesía y de seguro sigue hablando de su Macorís, se burla de los capitaleños y su malecón que según él, creemos imprescindible, escribe poemas en el eterno atardecer y naturalmente, sonríe, pues sabe que llegaremos todos y continuará la fiesta, aquella que ya no tiene fin.

Suplemento Pasiones, El Caribe, 22 de abril 2002.

"SERIE 23" quiere que este homenaje a René del Risco Bermúdez, un macorisano que se sentía serlo, sea el fruto de las expresiones de sus amigos, de aquellos que estuvieron junto a él. No pretendemos crear la imagen de un super hombre, ni queremos creemos de él cosas que no fueron, pero sí deseamos rendirle tributo a un hombre inteligente y lleno de talento, un hombre de este país.

HOMENAJE A RENÉ DEL RISCO BERMÚDEZ
René, hablan tus amigos

JOSÉ A. THOMÉN:
SU LEALTAD FUE LA CUALIDAD MAS RESALTANTE...

Mucha gente en este país, la gente que se mueve en el mundo de la literatura y la publicidad, o que mira desde la acera de enfrente, tendría alguna vez la impresión de que René era un tipo "odioso"; debo confesar que yo, era uno de esos.
Hasta que le conocí personalmente en el 1969.
Recuerdo que estaba al frente de la gerencia de publicidad de la Compañía Anónima Tabacalera y por necesidades de mi trabajo tuve una entrevista con René, que entonces trabajaba en Young & Rubicam, Damaris. Y si alguien me pregunta cuál fue mi asombro diré: lo fácil que era compartir con é l. No s é, quizá porque la imagen que yo tenía era esa, la de un "genio pedante" me quedé tan bien impresionado. Creo que cuando concerté la entrevista me sentía un poco incómodo, pues como dije, creía que me iba a encontrar con una persona desagradable.

Y pronto nos hicimos amigos. Hasta llegar aquí, a *Retho*. Logramos una compenetración muy fuerte. Todas las mañanas el que primero se despertaba llamaba al otro para comentar los anuncios que traían los periódicos del día, planeábamos las actividades y en fin era el primer contacto. Así desde que fundamos Retho, el 1ro. de abril del año pasado. Yo soy una persona de pocas palabras, y a veces teníamos disgustos, pero siempre los superábamos al instante.

De René siempre recordaré eso, cómo me sorprendió su agradable personalidad, y de nuestra amistad, la que fue su cualidad mas resaltante, su lealtad. Era un amigo en cualquier circunstancia.

FREDDY BERAS GOICO:
SERENO, VIOLENTO, SENCILLO, ARROGANTE, MEZCLA DE NIÑO Y PARQUE...

Que mala costumbre, René, que vaina. Sinceramente me hubiese gustado hablar algunas cosas de tí, viéndote recostado de tu sillón negro; quizá, esbozando una sonrisa llena de sencillez y con cara de sentirte mal porque.... bueno, porque se están hablando esas cosas en tu presencia. Pero las viejas costumbres se siguen imponiendo, muy a pesar de los que avanzan solos, y había que esperar que te fueras para que alguien propusiera calles, homenajes, piropos... bueno, también debo reconocer que no le diste tiempo a las canas a que nos alertaran, ni tampoco tu caminar empezó a trazar curvas chuecas, como tampoco hubo un bastón que señalara la hora de que Bellas Artes se llenara a oír tus cosas frente a tí.

Debo decirte, que una de las cualidades que más me gustaba de tí, era tu capacidad de meditación. Parecía mentira. Aquel muchacho "caco caliente", catorcista, arrestado, capaz de enemistarse con "el jefe", tenía capacidad de rumiar las cosas y devolver un bolo muy alimenticio para cualquier sugerencia, tan alimenticio, que por muchos años tendremos donde "jaríamos" o "ponernos timbí" con todo lo que dejaste.

Así te recuerdo. Como en aquella reunión con Yaqui y Quiroz, en casa. Las opiniones daban vueltas y con cara y gesto de linotipista, ibas tomando parte de cada uno y armabas la final. Lista para imprimir. Con letra tan precisa como tus conceptos y tan cuadradas como tus conclusiones.

Así era René, poseedor de la serenidad que se admira y a la vez de la violencia que se teme. Mezcla de niño y parque. Mezcla de sencillez y arrogancia. Sensible y llorón ante las frases buenas. Fácil de recibir y de dar. Mezcla de cosas y cosas. Inteligente. Inteligentísimo. Amplio. Maleable y tierno. Volcán callado.

Que mala costumbre, René. Que vaina. Tengo que decir esto ahora que no me oyes ni puedes leerlo, como leíste aquella frase de: "Por poco cumplesaños, Libertad" cuando te presenté mi primer ensayo de cosa seria, y se te escapó aquel "muy bueno" intravenoso para mí.

De pié frente a tu adiós de mármol, me traspasa mi yo de palmo a palmo tu risa ahogada. Y ante quién rió tanto, no se puede llorar... o llorar la mitad y reír de ironía la otra mitad, para lanzarte desde arriba tu frase preferida ante la respuesta cortante y viniente al caso: "cuanto talento, carajo".

Cuanto talento hundido. Cuanto talento mezclado con cemento, cuanto talento–polvo... gusano–talento–polvo...talento-polvo. René.

Nos vemos palomo.

NOBEL ALFONSO:
UN MUCHACHO CUALQUIERA, DESPRENDIDO DE TODO PARA OFRENDARLO A LAS PERSONAS Y COSAS QUE QUERÍA...

Hacer una sola imagen para recordar a René es un tanto difícil. Con solo mencionar su nombre se me agolpan, unas veces apretujadas y otras más entrechocándose, muchas imágenes diferentes de su vida que siempre será n el grito de ¡Presente! que, como dijo el poeta Juan José Ayuso, habrá de resonar cada día de los que faltan, al pronunciar el nombre RENÉ y los apellidos DEL RISCO Y BERMÚDEZ

Conocí a René cuando él era un muchacho de unos 20 años, en la casa de su tía Doña Margot, la madre de Yaqui Núñez del Risco, en San Francisco de Macorís donde él había ido a pasar unos días.

Creo que era sábado o domingo por la tarde. Estábamos en el Ritmo's, un lugar donde se juntaban los grupos de jóvenes y muchachos del pueblo a conversar teniendo de fondo la música indiferente de una vellonera.

El objeto de juntarnos esa tarde era atencionar al estilo francomacorisano al primo de Yaqui llegado de San Pedro. "Conoce a mi primo René", repetía Yaqui a cada uno que llegaba y se integraba al grupo. Porque para Yaqui su primo René era "una muestra muy preciada". Casi su modelo.

En la chercha, como siempre, se habló de las novias y los "levantes", muchos fueron objeto de la burla picaresca al recordar fracasadas serenatas; se opinó con mucho recelo y miradas furtivas de la política del "Jefe", para terminar hablando de escritores y poetas, sin que faltaran las muestras de sus obras a través de los "declamadores" en el grupo.

"René, dijo Yaqui a su primo, recítate el poemita aquel del muchacho cualquiera... el de la mariposa clavada en la pared del tiempo..." "Shhh... cállense y oigan esto..."

René se levantó y comenzó:

>	Y algún día seré como t ú quieras
>	rota ya toda mi juguetería
>	sin los sueños de cuerdas
>	sin la locomotora que aturde estrepitosa mi cabeza
>	podré decirte entonces
>	seguro de mí mismo
>	aqu í me tienes para siempre
>	ahora soy un muchacho cualquiera
>	un globo desinflado que baja de la estratosfera a la tierra

El cantarino acento y la viviente entonación que daba René al poema que recitaba, mantuvieron atentos los oídos de todos a cada frase, mientras los ojos de quienes escuchábamos seguían las imágenes formadas por sus manos al describir en el aire el silencio y las ventanas abiertas.

> *Todo me parecerá distinto*
> *como al regreso de una antigua amnesia*
> *y el río, volverá a ser río*
> *sin las alucinantes metáforas poéticas*
> *como si nunca se hubiera salido del mapa*
> *curso de agua entre sus dos riberas*
> *Y yo no seré un hombre*
> *seré una línea recta*
> *un ángulo rectángulo*
> *Noventa grados de normalidad hogareña*
> *Y mi sistema nervioso*
> *recién será sistema*
> *Seré un muchacho pulcro, serio y hasta bien educado*
> *sin caminos extraños ni latitudes nuevas*
> *clavada mariposa en la pared del tiempo*
> *por el fino alfiler de tu presencia*

La identificación de René con el poema que declamaba era absoluta. Sus ojos, siempre vivos y alegres, estaban entrecerrados para dar amplia visión a las imágenes formadas en su ego interior, mientras el peque o grupo de los amigos de Yaqui seguía escuchando absorto, buscando quizá en cada palabra del poema su propia identificación.

> *Mi vida será entonces una vida concéntrica*
> *Y operada así, de pronto y sin saberlo*
> *esta trasmutación total de mi existencia*
> *sin aventuras ni piraterías*
> *podré decirte entonces*
> *Aquí me tienes, para siempre*
> *Ahora soy...Un muchacho cualquiera.*

René inclinó la cabeza, como hacen los artistas frente al público, en señal de que había concluido. Pero "su público", los amigos de su primo Yaqui, estaba embelesado. Un embeleso que continuó todavía por breves segundos que formaron un gran silencio, indiferentemente roto por la voz electrónica de la vellonera que decía en ese instante:

> *Niebla del riachuelo/ amarrado al recuerdo/ yo sigo esperando...*

que hizo dar al grupo una vuelta rápida a la realidad, premiando con aplausos al "muchacho cualquiera", René, el primo de Yaqui.

Este momento lo recordé muchas veces con René y siempre le decía que para mí él era ese poema... un muchacho cualquiera desprendido de todo lo que tuviera para ofrendarlo a las personas y cosas que quería. Un tipo sencillo cuando se le conocía en su intimidad hogareña. Un Señor Poeta –cosa difícil en un mundo donde no abundan los Señores y mucho menos los Poetas, como dijo Gloria Martín–, cuando escribía sobre temas tan sencillos y humanos como son el barrio, la gente, el pueblo, el amor, la vida y la muerte.

Aunque muchos le recuerden como un Señor Poeta yo sé que a René le gustaba ser y parecer "un muchacho cualquiera.

FREDDY REYES:
PERTENECE A LOS NOMBRES LATINOAMERICANOS EXPONENTE DE UNA NUEVA LITERATURA...

Había que ver aquel muchacho delgado y espigado que ya a los 12 ó 13 años, era un excelente pitcher del team de la Aurora. Creo que lanzaba con las dos manos.

En estos días he vuelto a verlo a través de diferentes etapas. Porque todavía no he cerrado el expediente. René aparecerá un día de estos de los juegos de recordación de San Pedro de Macorís y se sonreirá, como siempre y no dirá ninguna excusa. Total, que nadie, de sus amigos de infancia, se atreve a llamarle la atención.

He vuelto a recordarlo cuando en esa época me prestó un libro de poemas. Había un poema escrito por su padre; era un libro para coleccionista de sellos. Y allí había ya varias líneas de Renecito. – ¿Y tú poeta? y reírnos los dos.

René del Risco Bermúdez pertenece a los nombres latinoamericanos exponentes de una nueva literatura, influido por esta generación de jóvenes que en todas partes parece que quieren recobrar los siglos en que este continente salían aislados poetas o cuentistas y uno que otro novelista.

René era de esos que quería caminar rápido, como para llenar pronto el abismo, o presintiendo que la creación diaria era una obligación.

Pero si le hubiésemos dicho a René que ya pertenece al patrimonio latinoamericano, hubiera dibujado una sonrisa, y pasándose las manos por el pelo, hubiese cambiado el tema de la conversación.

Y lo digo así, porque René siempre será el preocupado de su barrio. De La Aurora. Su universo como clavado en su subconsciente estaba allí: en el lugar de su infancia.

Bueno, la Aurora y San Pedro. Días antes de su trágica muerte conversábamos con Miguel Enrique, Oscar, Pedrito y Federico sobre nuestra ciudad. Y habló con entusiasmo y hasta en broma se refirió a la muerte. Pero se refirió más a sus esperanzas, al futuro. Su madurez acentuaba sus fibras sensibles de preocupación humanitaria. Sufría el fracaso de otro. Vivía los problemas de la gente apartada de la suerte. Reía y quizá almacenaba datos para dejar su constancia en un cuento, nueva fórmula o herramienta que encontró más a manos para volcarse sin limitaciones ni licencias poéticas. Ahí estaba su libertad. Su vida.

René –él se hubiera reído y cambiado la conversación– es el símbolo de una generación de petromacorisanos y ejemplo de todas las que vengan posteriormente.

Del barrio de la Aurora, y por su esfuerzo, capacidad, vocación, honestidad llega a crearse un nombre en diferentes" esferas: en la poesía dominicana, en el cuento, la crítica de cine, en fin en la literatura y cuantas actividades integró, convirtiéndose en el mundo de la creación publicitaria uno de sus grandes exponentes. Muchos afirman que el mejor.

No sé si juzgo siendo parte altamente interesada, pero a pesar de sus 35 años, se puede afirmar que es el petromacorisano joven más representativo de la época.

¿No es justo, entonces que una calle de su pueblo que el dejó testimonio en sus cuentos y en sus poesías lleve su nombre como reciprocidad?

EFRAÍM CASTILLO:
LAS CAMPAÑAS DE RENÉ SIEMPRE FUERON ALEGRES...

Se me ocurre decir: "Siéntate, René, allí... en aquel sillón rojo. Ponte cómodo, vamos a conversar de publicidad, de creación, del crecer de la yerba, de los niños, de todos los árboles de la isla, de tu cigarrillo Montecarlo, de Macorís, acerca de los días del '65, de lo frío que está el viento", y entonces las lágrimas afloran a los ojos y no tengo más que decir "no, René, no te sientes, caminemos por la empinada ladera mientras el viento azota la ropa tendida y los muchachos juegan a los hits con base".

Tal vez sea difícil hablar sobre René del Risco porque él siempre habló con facilidad, con un lenguaje llano y comprensible, sin rebuscar nada en el laberinto de la morfología y es en esa forma sencilla y pura que se debe recordar su paso por la literatura, por la publicidad, por la expresión de amistad más profunda.

René y yo conversamos poco. Posiblemente siempre quisimos estar más en contacto, más en comunión, intercambiando ideas, conceptos, dejando que los fenómenos que nos aquejaban se pusieran paralelos. Sin embargo, nuestras agitadas vidas publicitarias, en las que se tiene que estar "en creación" durante las 24 horas del día (incluyéndolos sueños, desde luego, que nos golpean de noche y nos hacen levantar gritando "iya la tengo, la bestial idea!"), en que, y tal como é l me dijo una noche en mi casa, "no se puede desdoblar la literatura de la publicidad", nos alejaron y dilataban nuestras entrevistas a fugaces coloquios. Siempre que nos reuníamos queríamos conversarlo todo: los últimos jingles, el último cuento, la marcha del matrimonio. Vicky me lo dijo: " é l siempre me decía que te llamara, Efraim, él te quería".

Para muchas personas René y yo éramos rivales. Y en verdad siempre lo fuimos. Pero nuestra rivalidad publicitaria estaba más allá del rencor y los egoísmos. Prácticamente las únicas campañas que siempre he analizado fueron las de René. Cada vez que lanzaba algo nuevo lo llamaba. A veces nos reuníamos en el Lucky Seven; otras veces nos veíamos en la calle. Las campañas de René estuvieron marcadas siempre por la alegría. Nunca esgrimió nada triste.

Ahora, con su partida, la publicidad dominicana estará coja. René asistió al nacimiento de una publicidad nuestra, en que cada palabra impresa, cantada, emulsionada en el celuloide, evocaba un fenómeno nacional. Talentos como é l se constituyen en faltas irreparables cuando se marchan, cuando asisten a la cita ineludible del hombre con la muerte.

ARNULFO SOFO:

RENÉ UTILIZÓ EL TEMA DE LA MUERTE INFINIDAD DE VECES, Y PODRÍA PENSARSE QUE ERA PRESAGIO. SIEMPRE MANTENDRÉ QUE ESO NO ERA CIERTO...

Serie23, frase llena de poesía, de sal y de brisa, de mosquito y sol, testimonio de origen, documento de identificación de todo aquel que nació en las entrañas del ingenio y el cañaveral, Serie 23, Macorís. Macorisano, de San Pedro de Macorís, Francisco Domínguez Charro, Pedro Mir, Federico Bermúdez, René del Risco.

Creo una vez más que nunca será tarea tediosa aunque difícil volver a decir cosas de un hombre, joven por cierto, muy joven, que incidió desde tantos ángulos en nuestra contingencia social como lo fue René.

Fundamentalmente poeta, lleno y preñado de hermosa y recia poesía, René en su franco quehacer literario nunca se apartó de lo concreto, de lo objetivo por excelencia, el hombre frente a la existencia y comunicación social y los problemas que le acosaban, el hombre realizado o golpeado por la frustración y sus sutiles manifestaciones psicológicas que lo atestiguaban como acopio y producto de la época.

René fue testigo, juez, parte y fiscal de la actitud del hombre y su existencia a través de su obra literaria. Sus narraciones, cuentos, poesía, sonetos, escritos en claro y llano lenguaje, con simbología cotidiana, tenía toda la carga emotiva y real de la vida misma. René es un escritor 100 por 100 o/o vivencial, la metafísica, la abstracción abierta e intencionada nunca fueron herramientas de su taller literario. René, creador de imagines sublimadas, poetas hermoseador, sincero con la verdad, su verdad, todo lo que escribió ni se lo inventó ni se lo soñó, lo vivió o vivió con el propósito de verlo vivir a otros.

René, hombre anti–método, anárquico, sin embargo, ¡cuanta madurez valor y fuerza reflejaba en su literatura! Tenía ese sello tan personal, su perfume literario se dejaba sentir en cada una de sus obras, no importa que le explicara a Ton de su vuelta, o que se acabaran las banderas de su barrio, o que la Patria se estuviera poniendo bronca, o que las flores llegaran para un General, o que alguien se llamara Vicky, Aura o Rosa, o que la noche empezara a ponerse grande, o que el Teenagers empezara a fanfarronear, siempre estuvo presente un gran estilo, algo barroco y franco, sencillo y fluido.

René utilizó el tema de la muerte infinidad de veces y podría pensarse que era presagio. Siempre mantendré que eso no era cierto. Él hablaba de la muerte como todo el mundo, como el hombre de la calle, el obrero, el limpiabotas, por una razón muy sencilla, la muerte es el símbolo de nuestro tiempo: Hiroshinai y Viet–nam. La diferencia que la muerte, esa muerte presente como dije en gran parte de su obra era trascendente, se leía, se comentaba, se criticaba, porque era una muerte bien dicha y bien hecha por el poeta, el escritor, bueno y hecho.

También hay otra muerte distinta en la preocupación mas profunda de su literatura, la que él sí consideraba una muerte, a la que siempre quiso sobrevivir y sobrevivió. Cuando René escribe:

"Esta carta bien podría estar fechada de este modo:
Hotel Canaima, de Maturin a Abanico, Caracas, Venezuela.
Noviembre, 1966.
Sr. René del Risco:
Estimado René:
"Anoche aproximadamente a las 10:00p.m. llegaste aquí a Caracas y todavía sientes ese dulce terror de haber muerto trágicamente en tú país... y por eso tal ve z ante el espejo sentías esa extraña impresión de estar ante tu hermano muerto y reconocer en sus ojos algún gesto doliente de tu madre...".

René temía la muerte de su hermano poeta que llevaba en las entrañas, que quizás un cambio de vida, status, podría afectarlo en su condición de escritor consecuente con los problemas de su pueblo y de su gente y esa muerte que tanto le preocupaba no llegó nunca porque a la hora de su trágica muerte siguió el poeta tan vivo como año tras año mientras la vida y los sentidos sean parte del cosmos vamos a sentir por ahí por los fines de noviembre y los meses de diciembre y enero un Viento Frío que nos calará los huesos y nos pondrá tristes y pensativos y diremos "si salimos ahora nos iremos a un parque a recordar...porque ni siquiera a llorar nos atrevemos..." –

Número especial dedicado al poeta, Año 1, número3, enero 1973. Director: Dr. Manuel Fernández.

LA GUERRA DEL HUMO
Fernando Casado

Como volutas de blancura amarillenta flotaban los comentarios y virutas sobre el tema. Aquello cosquilleaba, como el humo que suele molestar en los ojos. Durante los últimos meses de Navidad, Tabacalera nos asignaba un bono mensual de $ 100.00, para que no aceptáramos trabajar para E. León Jiménez. Era descontinuado, sin siquiera comunicarnos previamente. Las sumas lucen risibles... culpas del tiempo son...
–"No sale de tu bolsillo René... deja que los muchachos sigan cobrando sus cien pesos hasta que la Tabacalera diga..."
–"... !Aquí no hay artistas... en América hay como 50 Luchy!"–
Éramos realmente hermanos... pero estas subjetividades prejuiciadas, incidieron decisivas a la hora de inclinar la balanza, cuando la "Guerra del Humo" enfrentó a Miñín Soto y René del Risco. Las consecuencias aun no estaban a la vista.
El problema era mucho más profundo.... E. León Jiménez se había asociado a la importante firma cigarrillera Phillip Morris y ambos habían tomado muy en serio el futuro. "Premier" y "Marlboro" frente a "Montecarlo". Tan en serio, que los norteamericanos, junto al optimismo emprendedor de E. León Jiménez, se enfrascaron en un importante y costoso experimento de adaptación, cultivo y producción de una espléndida variedad de tabaco "rubio" criollo en nuestras vegas, que, hasta ese momento, solo habían sido explotadas para producir tabaco "negro". Los descreídos "técnicos" de la Tabacalera descartaron esta posibilidad e, imprudentemente, no consideraron respuestas y expectativas futuras de competencia, frente a la factibilidad de

éxito del avanzado experimento. Los Leones jugaban al futuro, Tabacalera se anclaba en el pasado.

Cinco años después vino la hecatombe. Aquella vocación edénica de fe en la tierra y en el ser que siembra el corazón en el surco, premió los sueños y las interrogantes... las manos del tiempo y el tesón del hombre, habían logrado al fin producir la magia de un tabaco "rubio" criollo.
La conmoción en el ámbito de la competencia fue desesperada. El oleaje se precipitó escaleras arriba, empapando de intranquilidad las horas alfombradas de un draconiano Joaquín Balaguer, que pareció no perdonar nunca las culpas ajenas de "Chino" Almonte. Planteándose la protección del emporio que enriquecía las arcas, símbolo y nervio de la región, se convirtió en "Asunto de Estado". Se "sugirió" a E. León Jiménez "negociar" la mitad de su producción de tabaco "rubio" con Tabacalera, hasta que ésta lograra producirlo en sus propias vegas.
Aunque la Publicitaria Siboney, que manejaba la cuenta de E. León Jiménez nos había contactado, nuestras primeras entrevistas fueron con Retho, que manejaba la esplendorosa cuenta de Tabacalera, cuyo flamante ejecutivo era René del Risco. Habíamos pasado media vida en los escenarios patrocinados por Montecarlo, y no nos pasaba por la mente cambiar de cajetilla. Sí entendíamos que la situación era justificada y merecidamente aprovechable. Algo sucedió que nunca antes había sucedido... una respuesta a la altanería publicitaria... Niní y yo, establecimos nuestras condiciones. Me tocó a mí, manejar la estrategia. Cáffaro era riesgosamente formal y dócil.
–"Bueno René... queremos $ 300.00 para firmar y $ 200.00 pesos por show"–.
Se negó de plano a aceptar el planteamiento. Nuestra mirada estratégica se torció hacia el hábil y talentoso Miñín Soto, aunque no nuestro propósito original. Las entrevistas y "negociaciones", con uno y otro, se sucedían con apremiante frecuencia, aunque sin solución.

—"Mira Fernando... yo no puedo pagarte eso, porque a Sonia y a José Lacay le estamos pagando $150.00".

—"Entonces... juégatela con ellos" Fue mi respuesta a René.
Era notorio que E. León Jiménez había decidido echar la batalla. La agresividad de la iniciativa parecería estar más cerca de la indignación justa de Phillip Morris, que de aquellos modestos, sobrios y mansos Leones. Se incorporó al equipo la superior genialidad de Max Pou, un artista del lente de dimensión extraordinaria, para trabajar las imágenes como obras de arte.
Es en este instante de la historia que surge un argumento insólitamente inesperado y determinante. Desarma la correlación de fuerzas y posa, sutilmente, en manos de Siboney, las cartas del triunfo. Entra en escena, intempestivamente, un temerario y osado personaje... César Suarez.
César iniciaba de la nada sus empeños de promotor de espectáculos, que luego convertiría en un imperio. Compartía la generosidad modesta de Franklin Domínguez en aquella oficina sin pretensiones, junto al parque Hostos. En un acto de genialidad inteligente, había recorrido el montón de ciudades y pueblos del interior, y sin un centavo en el bolsillo, había contratado todas las fechas de "Fiestas Patronales" en todo el país. Presentó a un sagaz Miñin Soto, en este crucial momento, aquel amplio itinerario de fiestas, que permitía calcular semanalmente el número de espectáculos que ensamblaría a los artistas por meses... René no podía garantizar ninguna.

—"Mi querido magistrado... no te puedo dar los $ 300.00 para firmar, pero si te puedo garantizar 4 presentaciones semanales a $ 200.00".
$ 800.00 a la semana. ¡Era una fortuna!... en aquellos tiempos.

—"Déjame hablar con Niní".
Cáffaro no se decidía... ni yo tampoco. Nos sentíamos visceral y agradecidamente atados a Tabacalera, a "Chino" Almonte, a todos los afectos y sentimentalismos creados... pero no a René del Risco.

Surge en escena Nandy Rivas, otro afectuoso amigo. Pertenecía a la oficina de publicidad de León Jiménez.

–"Fernando mira, Miñín y yo queremos hablar contigo. ¿Qué te parece si nos juntamos en mi casa esta noche a las ocho?".
Llegué en punto. Ya estaba Miñín y no hubo preámbulos. No recuerdo las palabras de Nandy, solo las de Miñín.
–"Queremos que tú vengas con nosotros, si Niní no quiere, no importa, nos la jugamos contigo… Magistrado… como amigo… por la amistad que siempre nos ha unido, yo necesito que tu vengas con nosotros".
Me llegó al alma. Miñin siempre fue inevitablemente auténtico. Creía en mí, tanto como yo creía en él. Recurría a algo más valioso que el dinero y la vanidad del escenario… una grande y real amistad… probada sobre las tumbas y lágrimas de una guerra.
–"¡Okey… ta'bien… me voy con ustedes!"
Al día siguiente llamé a Niní.
–"Niní, anoche tuve una reunión con Miñín y Nandy y definitivamente decidí irme con León Jiménez".
–"Anda pal'… ¿y ahora?… yo que le dije anoche a René que me iba con ellos… y que tu también".
–"¡C… Niní tu puedes hablar por tí, pero no por mí… Se me ocurre que a lo mejor conviene que tú estés de un lado y yo del otro. La competencia puede hacerse más larga y saldríamos ganando".
Me contestó algo que no he olvidado nunca y que ha sellado una amistad de hermanos.
–"No Nando… donde tú vayas… yo voy… pero, por favor, habla tú con René…".
Llamé esa misma mañana. Contestó presto.
–"René… te estoy llamando para decirte que yo he decidido irme con León Jiménez… Niní me dijo que te dijera que él también".
Estalló como una tromba. Sin siquiera cuidar el lenguaje, perdió la compostura de la amistad. No era solo su ego lastimado, era

Retho. Un fracaso suponía el riesgo de perder la cuenta multimillonaria de Tabacalera. Callé tranquilo y lo dejé desahogarse.

–"!¡¡ C… ustedes son unos charlatanes!¡!¡… Niní me dijo que ustedes venían con nosotros y yo llamé a Santiago y se lo informé a "Chino" Almonte!!!... Ustedes no me pueden salir con esa vaina ahora!!!"

–"Mira René… no me voy a dar por aludido en todo lo que tu estás diciendo… yo me he cuidado mucho, en todo este tiempo, de que ninguno de ustedes, ni Miñín ni tú, pensaran que me iba con uno o con otro. Eso… yo lo decidí anoche…"

–"Si… pero Niní me dijo…".

–"Yo no tengo que ver con lo que te diga Niní… ese es un problema de Niní y tuyo… Él me dijo que te dijera que también se iba con León Jiménez".

"En Viento Frío" parecía decorar aquel Diciembre trágico. Cercano a la última semana del año… Brugal patrocinaba la "Rondalla", algo que había creado Rafael Solano. Salíamos a la media noche a cantar canciones de Navidad a coro en el silencio dormido de los barrios, para despertar del sueño el espíritu de la madrugada religiosa. Un pálido Horacio Pichardo se acercó tenso a la ventana de mi auto, cuando cruzábamos la noche desde Los Minas hacia el Ensanche Luperón.

–"Fernando… tu ta' oyendo… en la radio tan' diciendo que René se mató… en un accidente".

No le respondo… no me pregunten por qué… Horacio insiste desconcertado.

–"Tu oye' Fernando… que René…"

–"¡¡Cállate con esa vaina!!"

Mi mente rechazaba… no aceptaba aquella insólita realidad. La "Rondalla" se disgregó como en un apocalipsis en aquella procesión ciega… doblaba a fatalidad un funeral de campanas de rubor sollozante… el mar… sin horizonte… recogió la negrura sin cielos, en las lágrimas que lloviznaban el duelo de la noche… entre las calles heridas los fantasmas del viento ocultaron entre sombras amargas la poesía, y el verso huérfano del camino, se olvidó de sembrar las primaveras de aquel sueño de un mundo donde no acabaría jamás la alegría. Aquella ciudad tan suya, "de colores y de cristal", se quebró en mil pedazos y se esfumó en la pólvora y el gracejo ajeno de Luisito González Fabra: "¡poeta de camisas largas y cabello mentolado!". No tuve valor para acercarme al insomnio de aquella interminable tragedia.

Nobel Alfonso narra la descarnada escena. Junto a un Miñín tranquilo y un René tormentoso, escapando a las arrugas del ocaso, compartió la penumbra funeraria en un Dragón de ángulos vacíos y rostros sin recuerdos; Thomen y Miguel Féris, abonaron el encuentro buscando embalsamar los cirios de la noche. En cada trago se iba un pedazo de vida... una esquina de barrio con olores de arena al este del olvido... las ojeras del miedo detrás de los barrotes de una calle atrapada... oculta en los infiernos. Y crecieron los tonos en que hablaban las horas... la angustia de la frustración amordazando las razones... la humareda tórrida del alcohol en los atajos de la rabia y la evasión inútil de la derrota.

—"René... no te vayas... te puedes quedar a dormir aquí arriba... en casa. Yo llamo a Victoria y le explico..."

Derramando en voz alta la inconsciencia, complació los aplausos de los diablillos tercos, que agitaban los contados minutos de vida que apenas le quedaban al doblar de la alfombra asfaltada del destino.

—"Soto... escucha esto... son los Beatles tocando a Juan Sebastián Bach.... Estoy aprendiendo... puro Jazz... nos vemos..."

Una despedida sin estilo... sin regreso... Tras el carruaje enfermo de aventuras y el pensamiento en llamas,... iba danzando detrás de la avenida... un alboroto de páginas luctuosas... y encima de los techos alados de su prisa... el viento enrarecido... sollozaba.

Nobel le siguió detrás de la tangente tormentosa a completar el nombre de la noche. Unos metros de angustia tensa e impotencia separaban la historia cuando avistó el camión enorme recostando la curva donde duerme el camino de asfalto... el bisturí de un grito abortó cortante en su garganta... vio encenderse los faros de un presagio a su derecha y a René torcer desconcertado el minuto turbulento de vida hacia la izquierda; el camión, evitando a su vez, se lanzó hacia su izquierda, cuando René intentaba entrar de nuevo a su carril derecho... y entonces el estruendo... el trueno hizo girar redondo el muñeco del carro y aplastó sus metales filosos, condenando la puerta y estrellando los vidrios de su cielo con su sangre, su cuello se retorció impotente quebrando su ramaje en feroz remolino, desnucándose en el sopor fatal de la agonía... Se ensañaron las iras cuando giró rebotando en un baile embrutecido, arrastrando el silencio desde el área cercana a la puerta a su izquierda, estrujándose a hachazos a lo largo del cuerpo interminable de aquel monstruo y a dentelladas se destrozo inconsciente y traposo contra aquel muro implacable... decorando el silencio endurecido de habichuelillas rojas.

Frenó dejando atrás los latidos del pánico y corrió sin apagar los cirios encendidos del altar de su auto. Alguien cayó del cielo y corrió en su ayuda. René colgaba agonizante con el rostro oculto incrustado en estertores en el hueco destrozado del volante en mitad de la noche asfaltada. La puerta del infierno se aplastó en su mirada y le encerró con ira los últimos suspiros... a patadas de pánico destrozó Nobel los vidrios de la ventana trasera ahogado en marejadas de desesperación y de impotencia. Arrastraron la angustia agónica de su cuerpo, sus últimos suspiros y los ronquidos esdrújulos y temblorosos que ensuciaba su rostro ensangrentado de galán de pasiones. Su cuerpo exánime fue arrebatado hacia la puerta opuesta, abierta a la interrogación... mientras las olas enrabiadas estrellaban sus dolores en las rocas... la prisa ciega desbocada en las sombras... la estela en llamaradas de Nobel al Marión... las penas de René por despedirse.

Un mayo heroico repartió los papeles sin esperar la gloria y le dejo la noche para que no la olvidara. Aquel que curó las heridas proceras de un Cedeño hacia el abismo, sin preguntar la historia, es quien recibe el despojo moribundo del poeta y el tormento humedecido de escribir con sus manos el epitafio trágico de su último poema ¿En qué lugar de la almohada llorará sus recuerdos José Joaquín Puello?

Nobel importa los sueños... es demasiado dolor para uno solo. Descreído y molesto... cuelga. Un segundo intento y José Augusto... descuelga. Aun en una sola pieza... heroico... llama y viola la frontera prohibida de Miñín... Soto... generoso... se quita las espinas de la noche, se desprende del mundo y envuelve en un ramo de rosas las lágrimas que comienzan a gotear escaleras abajo, hacia el abismo que derrumba el alma del amigo. Los toques a la madera aun retumban con prisa, como los latidos de José Augusto, cuando en el cuadro de su puerta creció la sombra de Miñín Soto.

El huracán de la Guerra del Humo arrastró sin remedio la vida de René del Risco... destrozó la aureola de sonrisas de Chino Almonte y le llevó a la tumba. Destronó el imperio imposible de la Tabacalera y dejó atrás el pasado. Surgió otro Imperio que supo interpretar el estilo respetuoso de los tiempos. Alguien cometió un costoso error... Pagaron su precio... demasiado caro.

Un año después la UASD le rindió homenaje... Se me invitó a cantar "Una primavera para el Mundo". Mi recuerdo es patético. Comencé a desandar los primeros versos: "Ven que contigo quiero comenzar un sueño..." los sollozos se atropellaron en mi garganta... pedí disculpas e intenté de nuevo luego de un silencio tenso..."Ven que contigo quiero comenzar"... me ahogaba en lágrimas... impotente... me permitieron sollozar largamente en el silencio... intenté cantar una tercera vez: "Ven que contigo quiero comenzar un sue..." no pude más... oculté el rostro entre mis manos... di la espalda y lentamente me fui tras bastidores...recosté el alma a la pared... y sin poder contenerme... lloré.... Lloré... lloré... lloré....

Jamás volví a ganar un centavo a Tabacalera. Alguien de mis cariños me confió que mi nombre figuraba allí en un archivo de "proscritos", en primera línea.

En una ocasión recibí llamada de Freddy Beras, desde un hotel de Puerto Plata. Había permanecido fiel a Almonte.

−"Magistrado... coja pa'ca. Hay doscientos pesos pa' usted aquí"–
−"Gracias Freddy... búscate otro..."–
Siempre detesté ese lenguaje...
Me llamó en otra ocasión mi caro amigo Nobel Alfonso, no recuerdo en que lugar era la actuación...
−"Magistrado... tenemos un espectáculo. Nos gustaría que fuera contigo. Que te parecen $ 700.00 pesos..."
−"Me parece bien... yo te llamo".
Tampoco respondí...
Finalmente me llamó un día un ángel llamado Socorro Castellanos. Se trataba del programa de Freddy y Yaqui en TV, quizás en su mejor momento. Me hizo una oferta para trabajar en aquel emblemático escenario.
−"Mira Socorro... yo no trabajo con ustedes... ni que me muera del hambre!"
−"Fernando, tu ta'loco... y si yo le digo eso a ellos..."
−"No... no... Socorro... yo te lo estoy diciendo para que se lo digas"
Colgó el teléfono abruptamente. Diez minutos después sonó el timbre de nuevo. Para mi sorpresa... era mi adorada Socorriña de nuevo. Su voz tenía un dejo intimo y sincero, que solo volví a compartir con ella en aquellas etapas amargas de su divorcio.
−"C... Fernando... yo quisiera poder hablar como tu...
Nunca he fumado... me molesta el humo...

http://lainformacion.com.do/modulos/print.php?sec=1&op=1&idReg=25365

DESEMPOLVAR LA CASA*
René del Risco Bermúdez

La ausencia de una crítica seria y responsable, correctamente orientada y fundamentada en una recta interpretación de la función y destino del arte y la literatura como quehacer humano, ha determinado entre nosotros un gran vacío que aún, desgraciadamente, no llenamos, y por cuya existencia nos vemos obligados a pagar, a un precio muy caro por cierto, algunas lamentables consecuencias.

Para nadie será este un hueco más costoso como para los jóvenes escritores y artistas, que se ven precisados a asumir sus propias conclusiones, tanto con respecto a su obra como a la de los que les han precedido, lo cual significa, en otras palabras, que en este terreno, como en muchos otros, son los jóvenes quienes resueltamente deben cargar pesado, poniendo a cada quien en el lugar que le corresponde y buscando ellos mismos su lugar; así, bastante solos como hijos sin padre, o lo que es más triste y difícil, como hijos de malos padres, que no otra cosa somos con respecto a la crítica.

Ahora bien, de una cosa podemos estar tranquilos al asumir esta responsabilidad: ella es, que no se nos podrá acusar en justicia de resentimiento gratuito (de rebeldía sin causa, como pudiera decirse) cuando se recuerde que en este país, desde que abrimos los ojos, la Orden de críticos les fue conferida casi exclusivamente (en un rango muy indigno, por cierto) a tristes turiferarios de la burguesía y el oficialismo, que se dieron al juego frívolo de ensartar vanas mentiras para hacerle collares de baratijas al régimen; pero que no se quedaron en eso, sino que también pretendieron hacer del arte un juego, una especie de rompecabezas destinado a entretener a señores dilettantes, a caballeros de corbata y saco, a finas personas que jamás se sintieron asqueados por el crimen y el robo que les rodeó porque tuvieron el privilegio de entender el complicado supramundo de las metáforas, la exquisitez del mensaje más abstracto, toda la nadería ingeniosa a que estuvo reducido el arte y la literatura entonces, por obra y gracia de quienes fungieron de animadores en aquel show en el que el pueblo nunca contó. Porque el arte no era cosa de descamisados, ni tenía nada que ver con la gente común. Era el reinado de quienes hablaban "para poeta", de arte en sí, de arte puro, de arte solamente para el arte.

Durante los treinta y dos años de Trujillo, fue mucha la mentira que se dijo en este país desde la página de arte de los periódicos o en libros muy voluminosos, aunque huecos las más de las veces; fueron muchos los conceptos, falsos a propósito, con los que se trató de distorsionar la misión y destino del arte, se escamotearon valores, se apadrinaron fraudes, y en fin, la tribuna de la crítica, con muy raras excepciones, estuvo destinada al engaño.

De aquellos vientos así sembrados teman que cosecharse tempestades. En efecto, de un tiempo a esta parte mucha gente ha abierto los ojos y ha tomado conciencia de qué cosa debe hacerse en su dominio; de ahí que los jóvenes escritores y artistas consideran llegado el momento de sacar los trastos al sol, desempolvar la casa, desechar las cortinas y los cuadros inútiles y arreglar, aunque modestamente quizás, las cosas de otro modo. El trabajo no lo hemos hecho mal del todo, aunque tal vez nos queden algunos huecos importantes por llenar. Uno de ellos es precisamente el de la crítica.

Algunos jóvenes han tratado de agarrar la sartén por el mango en este aspecto y no es feo que digamos que han demostrado estar capacitados para ello. Sólo que unos lo han soltado momentos más tarde y otros no lo tratan de asir sino muy esporádicamente. Ambas cosas son muy lamentables en nuestro caso porque el vacío en nuestro medio es muy grande y hay un trabajo muy amplio y muy profundo todavía por realizar; no obstante es digna de apreciar la labor que han emprendido, con mucha falta de valentía por cierto, hombres como Marcio Veloz Maggiolo, Ramón Francisco, Arnulfo Soto y Héctor Díaz Polanco, principalmente.

Los tres primeros, desde el suplemento dominical de "El Nacional", y Díaz Polanco, valiéndose de páginas de esta revista, han publicado una serie de trabajos en los que tratan aspectos muy importantes del quehacer artístico y literario de nuestro país, interpretándolos sobre bases correctas y demostrando admirable rigor, serenidad y justedad.

Es de lamentar el que estos cuatro jóvenes, ante las tremendas necesidades que en este orden confrontamos, no encaren esta misión con mayor constancia en el dominio del arte y la literatura como una paralela a la línea de combate que conforman la gran ofensiva del pueblo; pero también es cierto que no tenemos razones para pensar que ellos van a dar las espaldas a esa responsabilidad, a escurrirse por la puerta del patio y dejarle la casa a cualquier inquilino de malas costumbres. Eso no. Veloz Maggiolo, Francisco, Soto y Díaz Polanco, saben bien que de esto dependen cosas muy importantes.

Por más suerte todavía, podemos declarar que tampoco tenemos razones para pensar que nadie más, aparte de los mencionados, estará dispuesto a seguir esta línea. Es una realidad como consecuencia de un importante proceso de nuestras masas al interés que suscita en nuestros días el problema del arte y la literatura, vienen templándose al calor de esta búsqueda numerosos jóvenes dispuestos a buscar su puesto en esta batalla. Según vayan surgiendo debemos saludarlos haciéndole un hueco a nuestro lado.

Es importante para el fortalecimiento y desarrollo de las fuerzas vanguardistas del quehacer cultural nacional, el que cada día, si es posible, aparezca alguien dispuesto a dar la cara con propiedad y razón suficientes en este pleito. Ahora bien, ello no quiere decir en modo alguno que las puertas permanecen incondicionalmente abiertas, ni que las armas se entregarán indiscriminadamente a cualquiera. Alguien a quien le tiemble el pulso estará descalificado como aquel gatillo alegre a quien no le importa cómo ni por qué disparar, sino simplemente disparar sin tomarse el trabajo de afinar la puntería.

Y en este plano es donde debemos mantenernos bien alerta. En el campo de la crítica, por ejemplo, es indudable que hemos dado importantes pasos de avance con la sola pulverización y desautorización pública de los hoy desacreditados críticos reaccionarios cuyos retardados conceptos hace tiempo vienen rodando por el suelo, francamente derrotados. Y es muy cierto también que consecuencialmente la burguesía y el oficialismo han quedado reducidos a la mudez en este sentido, al punto de no contar en el momento con figuras capaces de imponer su autoridad en nuestro medio, para así dar paso y vigencia en este país a figuras y corrientes representativas del pensamiento e intereses de esa clase,

Como han quedado sin lengua, han tenido que resignarse con mirarnos crecer y desarrollarnos, utilizando el magnífico recurso del arte y la literatura para hablar más claramente, para mostrar verdades y enrostrarles su vicios a quienes se nutren de la carne del pueblo.

| * *Sin título en el original. Escrito hacia 1970–71.*

PRÓLOGO A "*EL IMPERIO DEL GRITO*", DE RADHAMÉS REYES VÁSQUEZ
René del Risco Bermúdez

Por allá, por el cementerio de la Máximo Gómez, por donde vive Radhamés Reyes Vásquez, la noche es bronca y el día peligroso. Por esos barrios la muerte suele ser un humilde suceso inopinado, porque desde hace cierto tiempo a la gente por allí no le ha interesado disimular la arruga del hombre o la amargura entre las cejas y entonces el balazo en la nuca o la sangre en las costillas es un riesgo gratuito para todos.

¡La violencia! –increpan los editoriales de los diarios– pero allá arriba, en esos barrios no pasará nada. Una mujer teñirá de negro un vestido. Alguien no volverá a la casa. Y eso es todo.

Pero no hay alternativa. Por otro lado, en la ciudad la gente podrá soñar y amarse en las salas de cine, cortar con un cuchillo limpio la carne en un restaurant, jugarse la luz verde en los semáforos, y en caso de gravedad sintonizar en el radio de transistores un reportaje vivo "desde el lugar del hecho" cuando una explosión sacude el recinto o cuando una ráfaga quiebra la alta presencia de la noche. Pero allá arriba, en los barrios, el riesgo está planteado en términos más sencillos: la noche es definitivamente bronca y el día es peligroso.

Radhamés Reyes Vásquez puede muy bien asumir a plena conciencia su condición de muchacho inmerso en la grave realidad de un barrio pobre y airado de la capital dominicana, y esa conciencia con que asuma su posición desconforme será la real y valiente expresión de un joven sometido a la dureza de su tiempo; pero sucede que Radhamés, gratuitamente, sin que se lo ordene nadie, ha elegido para sí una responsabilidad aún mayor, un compromiso aún más serio, porque de él en parte depende que esa sucesión de hechos simples y trágicos que a su alrededor suceden, día tras día, adquieran el valor de un relato auténtico y unánime de la hermosa y lamentable realidad de los suyos.

A los dieciocho años, ya no resiste la presencia en un rincón de su espíritu de esa oscura mariposa, grande y pesada, que es la poesía. La siente fatal y solemne, dominante en el más íntimo juego de sus sentimientos, advierte su preocupante, su inevitable presencia, intuye su sombra angustiosa, y ya decidió desesperarse, ceder, rodar, morirse interminablemente víctima de la más obsesiva e incurable obediencia a un alado demonio, aposentado siempre en la más cerrada e intocable sombra interior, castigadora carne viva, imborrable, indestructible, inevitable. Radhamés, inofensivo e incauto, aceptó los signos, se precipitó a la muerte.

Aquí tenemos que este joven ha empezado a vivir su destrucción (que no otra cosa es hacer poesía). Pero bien, eso es sólo un punto de partida.

Estimo, y espero así lo estimen los demás, que no es la ocasión para intentar un estudio de este pequeño libro, ni mucho menos tratar de buscarle un lugar determinado en el atestado estante de la poesía dominicana. No se trata de eso, de ningún modo. De todas maneras Radhamés Reyes Vásquez empieza aquí, y si es claro que no sabemos dónde terminará, tampoco es posible determinar dónde estará mañana. Cabe incluso la posibilidad de que, como sucede muchas veces en este país, alguien en muy mal tono lo mande a callar y él, avergonzado, se calle.

A nosotros lo que nos interesa por el momento es ayudarle a franquear una puerta a la que él y cualquiera tiene derecho. Derecho que a menudo no se reconoce entre nosotros, porque existe la creencia (y la conveniencia de creer) de que alguien que no cuente con el patrocinio de ciertas capillas influyentes, o de ciertos grupos politiqueantes, o de algún mandamás de periódicos, o de un grupo cultural vociferante y demagógico, es decir, alguien que venga solo, como viene Radhamés Reyes Vásquez, no tiene entrada en esta función muy espectacular, por cierto, en este momento, de la literatura nacional.

Y no es así, sencillamente porque nada de eso es importante.

Aquí entra con su valor inicial, mucho o poco, un joven que escribe poesía. No habrá que advertir a los que lo lean con espíritu crítico que encontrarán inmadurez, manifiesta Inmadurez, pero ello no es un defecto más que cuando aparece como característica lamentable en la obra de algunos que, aupados por muy distintos intereses de nuestro medio, resultan como ciertas frutas maduras al carburo, no más que pintonas, y por fuera.

Claras y explicables influencias permanecen visibles en la superficie de esta poesía que, a tientas, muda pasos en este libro. Influencias que van desde la consabida Pedromiriana, hasta en algunos momentos (muy pocos por suerte) el por-encima-del-hombro, tono de Miguel Alfonseca, pasando por las novias y los pañuelos de Pedro Caro. Pero sabemos que hay más, por detrás está la palpitante, viva, inevitable influencia de toda la poesía nacional. De todo el que ha escrito un poema en este país.

Y tiene que ser así. Ya vendrá, si es que viene, el momento en que este joven tenga un modo más suyo de caminar, y aun entonces de alguien llevará, como todos, los zapatos prestados.

Pero hay algo más importante por ahora que todo lo que podamos criticar en este cuaderno; se trata de su posición. Esta no puede ser otra que la del propio autor. No se trata de una posición previa y personalmente establecida, sino la que está determinada por el origen y la situación social del joven que dentro de la grave realidad de su barrio, entre sus humildes a migas y compañeros, ante los dolorosos hechos que lo cercan diariamente, optó por obedecer al demonio alado de la poesía y se da en este libro la puñalada mortal de la que ya no podrá arrepentirse so pena de quedarse vergonzosamente vivo y mudo.

Ojalá que Radhamés comprenda qué seria y trascendente es la misión del escritor y se prepare en todos los sentidos para llevarla adelante. Luchando por una cada vez más rigurosa formación, exigiéndose mayor disciplina cada día, afinando su tono, puliendo su expresión, asumiendo, en fin, su muerte. Una muerte que beneficiará a los suyos, porque él escribe lo que vive, lo que viven esos que saben que la noche es bronca y el día peligroso.

Santo Domingo, noviembre de 1969.

RENÉ DEL RISCO EN UNA FIESTA
CONVOCADA POR MIGUEL D. MENA
José Rafael Lantigua

Miguel D. Mena llegó por Navidad desde Berlín, donde reside, trayendo consigo otra de sus producciones bibliográficas, esas que algún día habrán de ser –algo que él debe saber, aunque no tenemos conocimiento de que esa pueda ser su intención futurista, en razón del "sello" editorial que las erige para el consumo, en verdaderos, incuestionables, "incunables".

Se atribuye a Rilke la práctica de publicar sus libros en "ediciones" concebidas por él mismo, minúsculas y artesanales, que distribuía entre sus amigos. Moreno hacía las suyas, no menos artesanales, en imprentas de pueblo, entre hojas de distintos tonos de colores, con un sello de urgencia económica inocultable.

En los últimos tiempos, anduvo con esa brida Ángela Hernández y el poeta vegano Pastor de Moya que hizo un poemario con un sello muy exquisito y personal, advirtiendo además en el colofón que había producido la edición en el patio de su vivienda en su Vega natal.

Pero, no hay dudas, de que Miguel D. Mena –contestatario amable, gozador de la polémica, tertuliante de amigos fieles que además los nombra con frecuencia, escriba infatigable que aprovecha el correo electrónico para seguirle el paso, desde la distante Alemania, a cada fulgor, a cada opinión, a cada suceso, a cada andadura del quehacer dominicano, y no sólo del poético– es, entre nosotros, el escritor que mayor –y mejor–uso ha hecho de la edición artesanal del libro. Lo de mayor, porque no conocemos cuál otro de nuestros escritores ha hecho un uso más continuo y dedicado del mismo. (De hecho, D. Mena no utiliza otro medio para dar a conocer su obra). Y lo de mejor, porque sus ediciones, cada vez más tecnificadas gracias a la

PC y sus aditamentos, logra distribuirlas entre personas que saben, seguramente, aquilatar lo que hace y sus por qué).

RENÉ Y MIGUEL

Hay una empata posmorten entre Miguel D. Mena y Rene del Risco Bermúdez. El poeta sesentista, gloria inviolable de la posguerra, ha encontrado en el poeta ochentista, salvados dos decenios con sus picos, a un difusor válido de su obra. No se puede hablar, de ninguna manera, de recuperador, porque la obra de Rene –viva, consumible– no necesita de ese proceso, pero sí de difusión perenne y vitalísima. Para que no se pierda el legado de ternura y nostalgia, de combate y tregua del poeta petromacorisano.

Miguel D. Mena pues, ha decidido convocar a una fiesta. Para no perderlo todo. Una fiesta con la poética de Rene del Risco, con los giros de su viento frío, con la supervivencia de su poesía tronante, con las delicias triturantes de un discurso que rompió esquemas y que se llenó de la tempestad de un tiempo ácido para combatir sin medidas, las ruinas de un verso crepuscular y enarbolar sin titubeos, la rompiente sensación de lo perdido, de lo añorado, de lo reivindicable.

Así llegan estos tres libros de Miguel D. Mena –ensayo, recopilación y recuperación– de la obra de Rene del Risco. Llegaron para Navidad y a precio nada vil (el autor lo sabe), aunque al público se presentó entrado ya el año y antes de que Mena regresara de nuevo a su garita de Berlín. Llegaron cubiertos cada uno por una casaca negra y los tres en un envoltorio de amarillo traza con etiqueta negra adherida sobre titulados de letras manuscritas.

EL PRIMER LIBRO

Adentro, el primero de los libros, sin que se indique, debe ser el ensayo que introduce los otros dos y que expresa, por sí mismo, todo lo que Miguel D. Mena –Miguelito para Chiqui "Vicioso y sus demás íntimos– cree, piensa, objeta o aplaude de la obra poética de Rene. El título del ensayo: "Una fiesta para no perderlo todo. Rene del Risco, lo dominicano, la modernidad". El francotirador consumado abre su colección con dos dardos: su crítica a los "Cuentos y poemas completos", la antología "injustamente" titulada de tal forma por sus editores, según la apreciación de Mena. Y la crítica a "las miserias de la crítica" que obligó al autor a "hacerle justicia" a del Risco "ofreciendo una visión y una edición crítica" de su poética.

El ensayo es parte de la tesis preparada por Mena bajo el título "Ciudad, Poder y Escritura en República Dominicana". En el mismo, con su estilo conocido, el autor ensambla el mejor y más amplio análisis crítico de la obra del autor de "El viento frío", bajo un esquema que no desdeña la consulta referencial, aún fuese para desaprobarla, y que se interna con conocimiento pleno de la trayectoria del vate en sus meandros, en sus cuitas, en sus límites y alcances, para estudiar paso a paso su ruta lírica y sus temas vitales. (179.)

EL SEGUNDO LIBRO

Bajo el título "Del júbilo a la sangre", Miguel D. Mena hace su propia antología, la que desea enfrentar a la ya conocida obra "completa" (las cursivas son suyas) hecha por Taller hace algunos años.

De hecho, "Del júbilo a la sangre" fue un libro que Rene dejó listo para la imprenta antes de morir, con un prólogo de Máximo Avilés, Blonda que el antologista ha recuperado y que inserta en la edición. Mena incluye, junto a los poemas de "El Viento Frío", nuevos textos de Rene, que de hecho aparecieron en una edición anterior hecha por el dominico–berlinés que también trajo sus errores, estos de tipo tipográfico, no de "criterios de selección". Pero hay otros poemas que no se publicaron antes –ni en la edición de Taller ni en la de Mena– y que ahora se incluyen en esta nueva antología, dividida en cuatro partes: los sonetos iniciáticos, los temas de época en la posdictadura, el proceso nerudiano, y por último, "los tiempos del repliegue, del desengaño y sobre todo, los del dolor".

Es probable, que desde ahora, esta sea la antología de Rene del Risco que haya que consultar y apreciar. Lástima que sea una edición limitada. (160 pp.)

EL TERCER LIBRO

El hallazgo, la novedad, en esta trilogía reneniana es "El cumpleaños de Porfirio Chávez", la novela que dejó inconclusa su autor y que el recuperador califica de entrada de "irregular en su textura, desconcertante a ratos, pero no por ello menos incisiva en sus giros".

La novela es, ciertamente, un esbozo. Esquemática, fría en muchos trazos, como si acaso esperara de una reevaluación, de un profundo acto de pulición, ella ofrece sin embargo una posibilidad de dar con los ejes de lo que pudo haber sido este narrador al momento de decidir pasar del cuento que trabajó con tanto esmero al paso largo de la novela que intentaba descubrir como posibilidad creadora. Rene vuelve en ella a Macorís, de la que nunca logró partir del todo, y traduce en sus ritmos, en sus sonoridades, en sus implicaciones citadinas de ciudad que fue y no es, los vínculos de una actitud memoriosa con los ritos y trazados de una vivencia epocal.

Al final, hay un esquema que sirve de soporte a una posible conclusión de la novela. El hallazgo es doble, por tanto. La de la obra en sí, como sujeto de novedad en la narrativa del autor de "En el barrio no hay banderas" y "Ahora que vuelvo, Tom". Y la del esquema que sugiere un modo de concluir la novela inacabada, que resulta incluso un modo de lectura completiva por la elaboración con vida propia si vale el término, con su narrativa implícita, del esquema señalado.(99.)

En fin, una singular edición ésta de Miguel D. Mena con la obra poética y la novela inconclusa de Rene del Risco. Una trilogía editorial que bien vale una misa. O una fiesta.

Suplemento Biblioteca, Última Hora, 1 de febrero de 1998, p. 28

SIN RENÉ DEL RISCO
Miguel D. Mena

Hay lecturas a las que se vuelven como si fueran mesas, almarios, antiguas despensas. Hay fotos que vuelven a contemplarse, como para buscar en ellas algunas de nuestras viejas sombras, caminos viejos, que por serlo no dejan de conducir a donde se esperaba, a pesar de los destellos que repentinamente nos puedan conducir por otros espejismos.
René del Risco se fue de pronto, como si tuviese que acabar con un viejo libreto que ya tal vez se sabía demasiado de memoria. Lo que pasó en la sociedad dominicana antes y después de aquel fatídico 20 de diciembre ha sido harto revisado, pero no lo suficiente: Una dictadura que se caía, unos sueños explotados después de siete meses, una esperanza revolucionaria, una guerra, años de terror. Sobre todos esos vaivenes estuvo René del Risco, como cumpliendo una vocación de destierros permanentes.
Aquel joven estudiante de Derecho a finales de los 50 había perdido a su patria chica, San Pedro de Macorís. Aquel organizador revolucionario había perdido casi la vida en las cárceles de la dictadura. Aquel desterrado en Puerto Rico había perdido su país más íntimo. Aquel joven revolucionario del 1965 había perdido a Jacques Viau, y antes a Manolo Tavárez Justo y a más de un guerrillero. Aquel joven locutor, presentador de televisión, publicista y poeta, se había lanzado luego a la ciudad, al cigarro, a los amigos, con una sensación de estar "avanzando entre cadáveres", con una pasión muy insular pero sin descuidar la importancia de los polaroids y el espectáculo y la imagen y el gusto por las corbatas.

Vida más intensa en aquellos años sesenta, en verdad que no encuentro todavía. En sus cuentos y poemas está toda esta vida concentrada, dirimida, rota, recompuesta.

René del Risco vivió en los meandros de la desterritorialización. Si hay una marca que lo diferencia frente a todo el resto de su generación, y aún de sus antepasados, fue la asunción de su yo. No compartió los sentidos épicos de la muerte de los poetas sorprendidos. Aunque se dejó llevar de la gracia lorquiana y naturalmente de lo nerudeano, filtrado por la Generación del 48, pronto buscó paisajes más íntimos. René hizo de los límites su centro. A diferencia de sus compañeros generacionales, la mayoría interesados en el teatro y los temas de la clasicidad griega, lo suyo fue el cine, la televisión, la atención a una beat y a un pop que entonces aterrorizaban la conciencia universitaria.

"El viento frío" (1967) se ha convertido en el libro por excelencia de la modernidad dominicana. Al leerlo tengo que oír por algún lado cierto solo de algún Coltrane en cualquier azotea de Ciudad Nueva. Libro incomprendido en su tiempo, tachado como expresivo "de la frustración pequeño burguesa", es aún un imán que nos devuelve a cualquier día de esta ciudad, a cualquier por ahí afuera. Tendría uno que imaginarse al poeta en aquellos tiempos duros del segundo lustro de los 60. Figurarse la máquina tecleando y el corazón sin poder darle tregua. Y sin embargo, en el transcurso de ese tiempo –y hasta 1972–, vemos levantarse una obra breve, compacta, sin desperdicio.

Pensar en las discusiones, en las trincheras que a veces ahogaban la imaginación, en las tensiones que debían ser las estéticas de "ciudades incendiadas" y "lo mejor al campo" y "del campo a la ciudad". De aquella generación tendremos que pensar en Antonio Lockward Artiles y su constancia en el compromiso social, político. También en Juan José Ayuso y su fina dilucidación de esos alardes macheteros que a nadie convencen. Seguiremos con los dos más jóvenes de aquellos tiempos, Norberto James Rawlings y Enriquillo Sánchez, asumiéndose en lo que de verdad tienen las venas y lanzándose al calor de lo que acontece allá afuera. Y naturalmente, pensaré en Miguel Alfonseca, la zona más cerca e idéntica a nuestro autor... Treinta años sin René del Risco han sido como la subida y caída de antorchas, islas y puños.

La generación que inmediatamente le siguió, la autodenominada de "post–guerra", se ahogó en sus propias llamas. No siguió ese camino de apropiación del yo. Le cantó tanto a los héroes revolucionarios y a la Historia que se olvidó del callejón, del tigueraje, de la alegría de la esquina y de radito prendido que es tanto parte del paisaje como aquella cordillera o este río.

En los ochenta el paisaje literario comenzó a recomponerse con la Poesía de la Crisis. Al final las proclamas concluyeron y el sujeto volvió a sus márgenes más inmediatos e íntimos. Desde entonces estamos en esa búsqueda de lo más misterioso en lo más cercano, de lo más infinito dentro de lo más simple. Finalmente se recupera la irreverencia ante el sí–mismo, la inseguridad como un estado normal y no como síntoma de flaqueza.

Ahora hay letras que nos persiguen o indecisiones que nos soportan o esa noción de que uno no sabrá si romper la magia al volver a los viejos lugares. En treinta años sin René del Risco en el barrio comienzan a encontrarse las banderas del viento frío.

ARCHIVOS: RENÉ DEL RISCO BERMÚDEZ.

Queremos agradecer a doña América Bermúdez vda. Del Risco, la madre de nuestro autor, y a sus hijos, Minerva y René, el apoyo que nos han ofrecido en nuestras investigaciones, publicaciones y actividades; también a los que conservan con cariño su memoria. Nuestro agradecimiento a los autores, por la generosidad de habernos concedido la posibilidad de recoger aquí sus textos.

El editor.
Febrero de 2012.

Made in the USA
Columbia, SC
04 January 2023